组织设计与管理丛书

赢在组织设计

〔美〕大卫·纳德尔（David Nadler）
迈克尔·塔什曼（Michael Tushman） 著

徐汉群 阮雯雯 栾茗乔 译
周忠科 逄增钢 审校

**COMPETING
BY DESIGN**

THE POWER OF
ORGANIZATIONAL
ARCHITECTURE

机械工业出版社
CHINA MACHINE PRESS

本书从追求企业核心竞争优势的角度出发，结合施乐、斯沃琪、ABB、康宁、凯泽医疗、通用汽车等知名企业推动组织变革的实例，描述了如何成功地在组织的各个层次设计中，把组织架构的理论转化为实际的操作程序。作者介绍了与此相关的概念、程序和工具，分析了组织管理和再设计的过程，探讨了管理者在此过程中面临的关键决策，并列出了将组织设计功能作为一个持续的、完整的过程纳入未来组织的指导原则。书中所介绍的理论都是经受过时间检验的，并且在讲解理论的时候结合大量案例，注重理论联系实际。

Copyright©1997 by Oxford University Press, Inc.

Competing by Design: The Power of Organizational Architecture was originally published in English in 1997. This Translation is published by arranged with Oxford University Press. China Machine Press is solely responsible for this translation from the original work and Oxford University Press shall have no liability for any errors, omissions or inaccuracies or ambiguities in such translation or for any losses caused by reliance thereon.

《赢在组织设计》的英文版于1997年由牛津大学出版社出版。中文简体字版由机械工业出版社全权负责，牛津大学出版社对本译文中的任何错误、遗漏、不准确、歧义或因依赖原文而造成的任何损失概不负责。

This edition is authorized for sale in the Chinese mainland (excluding Hong Kong SAR, Macao SAR and Taiwan).

此版本仅限在中国大陆地区（不包括香港、澳门特别行政区及台湾地区）销售。
北京市版权局著作权合同登记　图字：01-2021-4925号。

图书在版编目（CIP）数据

赢在组织设计/（美）大卫·纳德尔（David Nadler），（美）迈克尔·塔什曼（Michael Tushman）著；徐汉群，阮雯雯，栾茗乔译. —北京：机械工业出版社，2022.1（2024.5重印）

书名原文：Competing by Design: The Power of Organizational Architecture
ISBN 978-7-111-70003-6

Ⅰ. ①赢… Ⅱ. ①大… ②迈… ③徐… ④阮… ⑤栾… Ⅲ. ①企业管理—组织管理学　Ⅳ. ①F272.9

中国版本图书馆CIP数据核字（2022）第028863号

机械工业出版社（北京市百万庄大街22号　邮政编码100037）
策划编辑：李新妞　　责任编辑：李新妞　李佳贝
责任校对：李　伟　　责任印制：张　博
河北环京美印刷有限公司印刷
2024年5月第1版第4次印刷
169mm×239mm·15.25印张·1插页·182千字
标准书号：ISBN 978-7-111-70003-6
定价：69.00元

电话服务　　　　　　　网络服务
客服电话：010-88361066　机　工　官　网：www.cmpbook.com
　　　　　010-88379833　机　工　官　博：weibo.com/cmp1952
　　　　　010-68326294　金　书　网：www.golden-book.com
封底无防伪标均为盗版　机工教育服务网：www.cmpedu.com

前　言

让我们在心里快速地算一算。

看看能否粗略估计一下，在过去的一年里，你花了多少时间思考和谈论竞争优势，包括参加会议和研讨会、阅读和撰写备忘录、钻研报告和文章所花费的时间，还有匆匆翻阅几本书的时间。

现在试着回想一下，在调整组织、重组和再设计上，你花费了多少时间，这其中有来自高管团队的决定，也有你自己主动发起的。

然后，把二者放在一起，试着给所做的工作做个评价。评分标准为：①组织再设计中有多少与你寻求的竞争优势直接相关；②有多少重组工作是一边在实施中，一边还要同时提防可能的模仿者；③在 12 个月内，你不得不放弃、修补或取代的重组方案数量；④有多少重组方案真正实现了你最初设定的竞争性目标。

除非你格外幸运或本身是一位技艺高超的专家，否则你实事求是做出的自我评价多少会令人沮丧，而在这一点上你并不孤单。四十多年来，我们与世界各地五十多家不同类别的组织打过交道，逐渐认识到组织设计是最常见、也是最难处理得当的商业活动之一。

我们相信，无论你是首席执行官还是部门主管，无论你是在寻求重新设计公司还是重组工厂，这本书都会对你有所帮助。本书基于我们的"组织架构"概念，其核心观点是：在特定的产品、技术、市场或生产流程方面寻求竞争优势的传统做法已经过时，你再也无法从中找到竞争优势了。竞争优势的唯一确切、可持续的来源，在于一个企业的"架构"——即无论竞争格局如何持续改变，为了最大限度地长期发挥其独特的能力，企业用以组织和协调其人员和流程的方法。

我们使用这一总体蓝图，将"架构"理论转化为在各个层级上成功进行组织设计的实践经验。在本书中，我们会介绍与此相关的概念、流程和实用工具。自始至终，我们都努力将一个经过时间考验、条理清晰的理论，与从实际经验出发的具体例子紧密地联系起来。

在 1987 年，我们共同撰写了《战略层面的组织设计》（*Strategic Organization Design*）一书，第一次提出这种设计方法，这本书在学术界和教育界广受认可。自那以来的十年中，我们一直在各种不同的情况下应用和改进这些概念。在市场中，我们测试了这些理念，并从实践经验中吸取了教训。第一本书出版十年来，我们的理念和经验在一个又一个组织中得以运用。因此，从最初我们仅仅是想升级第一本书，慢慢变成更为大胆的尝试，并最终写出了一本截然不同的书。《赢在组织设计》不仅基于商业和管理发展的最新实践，而且反映了由多年实践经验雕琢形成的概念。因此，与我们先前的那本书相比，本书旨在为更广泛的受众提供帮助，包括各类组织的高管团队和管理者，他们可以将本书的理念与方法用于其实际工作中。

致　谢

在这个议题上,我们的几位学术导师——哈佛商学院的保罗·劳伦斯(Paul Lawrence)和杰伊·洛施(Jay Lorsch),以及南加州大学的杰伊·加尔布雷斯(Jay Galbraith)——深刻地塑造了我们的思想,影响、启发和支持了我们早期的努力。此外,我们的许多概念,特别是涉及参与和研究与实践相结合的概念,受到了我们的导师、同事和亲爱的朋友——埃德·劳勒(Ed Lawler)和汤姆·艾伦(Tom Allen)的影响。他们的帮助是无价之宝。

我们在组织架构、高管团队和变革方面的工作,建立在许多人工作的基础上。在过去的二十年里,斯坦福大学的查尔斯·奥赖利(Charles O'Reilly)和杰弗里·普费弗(Jeffrey Pfeffer)一直是我们的好友和同事,他们的理念在我们的书中贯穿始终。在哥伦比亚大学,迈克尔得到了许多优秀学生、高管管理教育课程学员和教师同事们的帮助。特别感谢唐·汉布里克(Don Hambrick)、乔尔·布罗克纳(Joel Brockner)、鲁思·瓦格曼(Ruth Wagemen)、埃里克·亚伯拉罕森(Eric Abrahamson)、肖恩·比奇勒(Schon Beechler)、杰里·戴维斯(Jerry Davis)、克里斯·艾哈迈德坚(Chris Ahmadjian)、柯比·沃伦(Kirby Warren)和丹尼·米勒(Danny Miller),帮助我们把理论与实践联系起来。在访问欧洲工商管理学院和麻省理工学院时,迈克尔从黛博拉·安科纳(Deborah Ancona)、查理·加卢尼奇(Charlie Galunic)、马丁·加吉乌洛(Martin Gargiulo)、里克·鲁梅尔特(Rick Rummelt)和亨利·明茨伯格(Henry Mintzberg)处得到了重要的反馈。安迪·范·德·文（Andy Van de Ven）、大卫·惠顿（David Whetten）、莱克斯·唐纳森（Lex Donaldson）和乔治·胡伯（George Huber）推动我们深化和扩展了在组织架构和管理变革方面的工作。马乔里·威廉姆斯（Marjorie Williams）对这本书有着极大的帮助。最后，感谢牛津大学出版社的赫伯·艾迪森（Herb Addison）出色的编辑工作。

十六年前，德尔塔咨询公司（Delta Consulting Group）成立，从那以后它一直是我们开发设计理念和工具的实验室。多年来，我们在德尔塔的许多同事通过与客户合作，帮助我们塑造和完善了这一设计方法。受篇幅限制，我们无法将所有同事的名字列出。但其中有十几位同事，无论我们现在是否还一起共事，都特别感谢他们在开发这些概念和工具方面发挥的作用，包括大卫·布利斯（David Bliss）、马克·格斯坦（Marc Gerstein）、里克·哈丁（Rick Hardin）、迈克尔·基森（Michael Kitson）、特里·林珀特（Terry Limpert）、凯西·莫里斯（Kathy Morris）、查克·拉本（Chuck Raben）、罗伯特·肖（Robert Shaw）、玛丽莲·肖尔斯（Marilyn Showers）、珍妮特·斯宾塞（Janet Spencer）、罗斯林德·托雷斯（Roselinde Torres）和伊莉丝·沃尔顿（Elise Walton）。

特别是玛丽莲·肖尔斯、迈克尔·基森、里克·哈丁和查克·拉本，在撰写本书中首次出现的案例材料和概念方面，给予了极大的帮助。

最后以及最重要的是，我们要感谢我们的客户，多年来他们是我们学习领域的合作伙伴。同样，限于篇幅，我们无法提及所有的客户。但是，我们想特别感谢一些人和公司，多年来与他们的积极合作，令我们受益无穷。

在一些最雄心勃勃的设计工作中，施乐公司的保罗·阿莱尔（Paul Allaire）和比尔·布勒（Bill Buehler）一直是我们的合作伙伴，并敦促我们继续学习新概念。保罗经常把施乐公司形容为德尔塔公司的实验室，一直以来也都是如此。

从一开始，AT&T 就参与了我们的工作。AT&T 的许多管理者，无论现在是否还在任，尤其是鲍勃·艾伦（Bob Allen），都非常支持我们的工作。同样，AT&T 前客户——包括比尔·马克思（Bill Marx）、里奇·麦金（Rich McGinn）和卡莉·菲奥莉娜（Carly Fiorina）——在加入分拆 AT&T 形成的朗讯科技公司后，一直支持我们的工作。

十多年来，康宁一直是我们学习的积极伙伴。特别是杰米·霍顿（Jamie Houghton）、罗杰·阿克曼（Roger Ackerman）和已故的吉姆·里斯贝克（Jim Riesbeck），多年来都给予我们巨大的帮助。

我们还特别感谢在 GTE、凯泽永久医疗和花旗银行工作的所有客户，他们也做出了特殊贡献。

在应对开发和实施全球矩阵组织的挑战方面，BOC 工业气体公司的周先生（C.K. Chow）及其同事帮助拓展了我们的工作。十年来，在整个汽巴-嘉基公司（诺华公司前身）的组织架构中，吉多·斯皮希蒂（Guido Spichty）帮助我们测试和完善理念。我们从亚历克斯·克劳尔（Alex Krauer）、格伦·布拉德利（Glenn Bradley）、库尔特·胡伯（Kurt Huber）、乌韦·艾森洛尔（Uwe Eisenlohr）、皮埃尔·乌雷奇（Pierre Urech）、迈克尔·雅各比（Michael Jacoby）和罗尔夫·迈耶（Rolf Meyer）身上学到了很多。我们感谢他们和汽巴-嘉基公司中的许多人，帮助我们将组织设计的概念与塑造高管团队和管理变革的实际情况结合起来。

对于所有与我们共事的客户，特别是上述客户，感谢各位对我们的信任，让我们能够一起学习。

最后，衷心感谢我们的合作者马克·纳德尔（Mark Nadler）。当马克第一次加入时，我们正计划简单地重写一下 1987 年出版的书。而马克设想出一本新的、范围更广、更易理解的书，这激励我们树立一个更雄心勃勃的目标。他能够吸取我们的概念和经验，在书上完美地呈现出来，我们一次又一次为之感到惊讶。他在出版社多年的工作经验，以及在报业的管理经验，都使他成为这个项目非常特殊、有价值的合作伙伴。谢谢你，马克。

目 录

前言

致谢

第1章 变革蓝图 /1

BOC 工业气体公司：觉醒的巨头 /1

引言 /3

关键概念：组织架构 /5

组织设计是一种管理工具 /9

为什么失败的再设计如此之多 /11

一个平衡的视角 /13

回顾 BOC 工业气体公司 /15

第2章 绘出组织关系图 /18

施乐公司：设计与战略一致的组织 /18

理解组织 /19

作为管理工具的概念性模型 /22

有关组织的基本观点 /22

一致性模型 /24

作为转化过程的组织 /28

一致性的概念 /30

关于一致性的假设 /31

分析组织的问题 /33

回顾施乐公司　/35

第3章　组织设计的原则　/37

　　Technicon：祸起研发　/37

　　引言　/39

　　组织设计与一致性模型　/39

　　定义基本术语　/41

　　何时需要再设计　/43

　　设计决策的类型　/46

　　回顾 Technicon　/48

第4章　组织设计的关键问题　/51

　　HTP：当组织各部分不再契合时　/51

　　引言　/53

　　设计决策的方法　/54

　　组织设计模型　/56

　　回顾 HTP　/61

第5章　选择基本结构——战略分组　/63

　　SMH 斯沃琪：在混乱中创造秩序　/63

　　引言　/65

　　战略分组：基本形式　/66

　　分组方案：优势和劣势　/69

　　如何决定分组的形式　/72

　　分组和专业化　/75

　　分组与公司政治　/75

回顾斯沃琪 /77

第6章 协同工作：战略性连接 /79

ABB集团：本土业务的全球联盟 /79

对协同的需求 /81

多样化的相互依存的工作 /82

战略性连接：众多的选项 /85

制定结构化连接决策 /91

通过流程和系统进行连接 /94

支持管理流程 /96

职员与一线员工 /98

非正式的连接流程 /101

回顾ABB /103

第7章 公司层面的组织设计 /105

1992年的施乐：新架构 /105

公司架构的模式 /107

聚焦和杠杆 /109

为聚焦和杠杆而设计 /111

战略联盟：超越组织边界的设计 /118

设计高效联盟 /121

康宁的成功蓝图 /123

回顾施乐 /125

第8章 运营层面的组织设计 /126

康宁公司：为高绩效而设计 /126

引言 / 127

变革的根源 / 129

组织设计的新方法 / 131

黑堡工厂：实践中的 HPWS / 133

HPWS 和绩效 / 140

再造：一场虎头蛇尾的革命 / 143

总结 / 146

第9章 组织设计的流程 / 148

北加州的凯泽永久医疗体系：一个范围广泛的再设计 / 148

引言 / 150

设计决策的顺序 / 152

战略性设计的框架 / 154

战略性设计的 10 个步骤 / 155

总结 / 165

第10章 实施新设计 / 167

通用汽车：走向混乱的组织设计 / 167

引言 / 169

组织变革的基础 / 171

变革中的固有问题 / 172

塑造政治态势 / 174

激励建设性行为 / 177

管理转型期 / 179

实施和文化 / 180

价值观、信念和规范 / 182

文化和绩效 / 184

关键的实施任务 / 186

回顾通用汽车 / 188

第 11 章 把握再设计的时机 / 189

再设计的根源 / 191

再设计的成本 / 201

随着时间的推移而管理设计 / 204

总结：领导者的作用 / 207

第 12 章 组织设计的经验与教训 / 209

参考文献 / 217

第1章

变革蓝图

BOC 工业气体公司：觉醒的巨头

一个多世纪以来，伴随大英帝国整体的工业化进程，隶属于 BOC——一家英国的大型综合集团——的工业气体公司一直在队伍中向前行进。工业气体公司在全球 15 个国家拥有 3.5 万名员工，生产和输送氧气、氮气、氩气以及各种工业气体，客户是来自各行各业的制造厂商，他们生产钢铁、食品和芯片等各类商品。

工业气体公司一直按部就班地保持着稳定发展。直到 1993 年，公司一改其保守的英式传统，提拔 C.K. 周（C.K. Chow）就任公司最高职位。周先生是工业气体公司香港子公司的负责人，是一位积极进取的企业家，他坚信这家步履迟缓的巨头已经脱离了现实，失去在 20 世纪后期进行竞争的能力。

在伦敦郊外的公司总部安顿下来后，周先生开始调研全球业务，此时他的担忧与日俱增。因为他看到了一个抵制新想法的组织，人们关注的只是内部矛盾而不是客户需求，并且执着于划清地盘、各自为战（见图 1-1）。虽然公司还没有面临迫在眉睫的危机，但身处一个市场和技术不断变化的世界里，它显然表现不佳，似乎只满足于一成不变地运营。

他开始相信，如果对两个特别问题置之不理，对公司来说，它们可能很快就会变得致命起来。

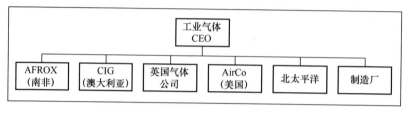

图 1-1　BOC（重组前）

首先，工业气体公司开发新技术的速度很慢，在整个公司推广新技术应用的速度同样缓慢。由澳大利亚子公司开发出的一个新的制造或交付流程，可能需要花费数年时间，才能用于工业气体公司的其他业务上。与此同时，竞争对手却在复制澳大利亚子公司的突破性流程，并在其他国家与工业气体公司在当地的子公司抢夺市场，利用这些流程获取竞争优势。

其次，从历史角度来看，工业气体行业一直高度本地化。例如，工厂就坐落在钢铁厂旁边，很少有客户拥有全球业务。直到 20 世纪 90 年代初，情况发生了变化。主要的芯片生产商，如英特尔和 IBM（国际商业机器公司），没有耐心在十几个不同的国家分别与 BOC 打交道。他们希望简化关系，只与一个 BOC 建立联系——如果 BOC 做不到，他们更愿意把业务转给其他供应商。

周先生相信，公司的糟糕表现源自根本性的组织问题，在古老的兰尼米德村附近，他与十几名高管团队的成员一起闭关讨论。他们花了几天时间研究公司的问题，并形成了一个展望未来的新愿景。他们决定，为了公司在本地和全球市场上拥有真正的竞争力，通过全球范围内的创新和合作向客户提供服务，他们必须成为"工业气体领域最以客户为中心的公司"。

起初，高管团队很兴奋。但将宏伟愿景与令人愕然的现实摆在一起时，高管团队看见自满得意的工业气体公司还流连在过去的时光中，他们既痛苦又失望。事实是，公司既没有技术创新，也不以客户为中心，同样没有全球化的思维和行动。

他们面临的挑战很明显：为了实现战略愿景，他们必须对公司的方方面面进行颠覆性的重新设计。

引言

周先生重塑 BOC 工业气体公司的故事，阐释了一个道理，所谓现代商业的目标就是追求竞争优势。商界人士都知道，公司运营现在比以前艰难多了，而且越来越难。

一方面，比起以往任何时候，几乎每一个产业和商业部门的竞争都愈加激烈。技术创新步伐加快、消费者期望提高、政府放松管制、全球市场等因素都为新的竞争对手创造了机会，这些竞争对手用新产品、新生产流程、新分销模式和新营销策略突然间改变了基本的游戏规则。

另一方面，大多数传统的、可靠的竞争优势来源正在枯竭。位于少数几个金融中心城市的公司再也不能依赖独占性的资本渠道。施乐和宝丽来相机再也不能依赖独占性的专有技术，而这些技术曾确保它们获得实际的垄断地位。曾经只属于本地生产商的市场，如今已成为竞争对手展开公平竞争的对象，而这些对手的总部位于半个地球之外。且由于多年来公司不断裁员和缩减规模，高技能员工的忠诚度受到冲击，他们可以自由地为出价最高的公司提供服务。

在这场争夺竞争优势的战争中，交战规则已然彻底改变。在 20 世纪 60 年代和 70 年代，为维持看似无懈可击的主导地位，通用汽车、IBM 和 AT&T 曾采用的战略，如今就像用全副武装的骑兵发起冲锋一样过时。

在这个动荡的环境中，不稳定是常态，我们坚信，真正可持续竞争优势的最终来源在于我们所描述的"组织能力"——即为了实现清晰明确的战略目标，每个组织所采用的架构工作、激励员工的独特方式。这些能力会将组织的核心胜任力（技术创新、以客户为中心、低成本制造高质量产品或组织可能拥有的其他胜任力）与支持性的能力结合在一起，无论竞争格局如何变化、战略怎样调整和关键员工怎么流失，都能够持续保持并发展这些胜任力，使组织实现长期目标。

这对管理者意味着什么？有两件事。首先，这意味着他们必须要理解这些概念，并学习组织设计所涉及的技能，以释放和深耕组织已有的竞争优势。太长时间以来，太多的管理者过于简单地看待组织设计，只将其看成是重新安排组织架构图上的框框和线条。我们看到，一家又一家的公司，经过连续几轮动荡不安的重组后，并没有做出改变绩效基本模式的动作。

其次，管理者必须认识到，真正有效的组织设计是一个永无止境的过程。不断变化的竞争环境要求公司不断修正战略目标。因此，组织设计也必须不断变化，以确保组织与其战略保持一致。这意味着管理者从事组织设计时，目标总在移动。然而，最高效的组织设计有足够的弹性能包容变化，而不会不停歇地变来变去。

因此，对于组织设计的概念和动态变化，每位管理者至少要有一个基本的理解。在某些层级上，管理者需要实施其他人员开发出的设计方案。但随着时间的推移，管理者将越来越频繁地参与到组织各个层次的设计中。事实是，无论在哪一个层级，持续的组织设计将成为常态，而成功的管理者要能够理解、欣然接受这一点，并愿意向他人解释组织设计的工作，以及协助其他成员将方案付诸实施。

这本书的目的是为每一个层级和每一种组织的管理者提供一套强大而又相对简单的工具，利用战略性组织设计获取竞争优势，通过设计赢得竞争。我们将通过具体案例说明实践中的设计流程，这其中既有成功的案例，也有失败的案例，我们会描述组织设计的基本组件，并解释为实现每个组织独特的战略目标，它们如何创造性地组合在不同的配置中。我们展现了一个设计流程，探讨了管理者面临的关键决策，并在不断展望未来的组织中，将设计功能作为一个持续不断的流程，提出了一些指导原则。

我们希望读者读完本书时，已经掌握了关键的概念和必要的工具，无论你所属的组织是一家公司、一家制造工厂，还是一个业务部门等，你都能以一种全新的方式创造性地重新评估自己的组织设计，你应该有能力精准地找到缘由，知道原有的设计是如何阻碍组织实现其战略目标的。你应该有一张路线图，用来构想出一套深思熟虑的严谨流程，对现有组织进行重塑。理想情况下，你应该能够从一个全新的角度来看待组织的设计，并敏锐地寻找获取竞争优势的新机会。

这本书的基本主题是，组织设计是塑造组织整体印象与风格的无价之宝——总体来说，也是组织产出成果的手段。结构、能力和绩效从广义维度构成了组织架构的总体轮廓，战略性组织设计给出了工作是如何进行组织与协同的具体特征。从整体视角出发，组织架构的概念对于讨论战略性组织设计来说至关重要，我们就从这里展开讨论。

关键概念：组织架构

1918 年，作为工业时代的组织奇迹之一，亨利·福特新建的迪尔伯恩装配厂傲然矗立。这一制造业巨头位于美国密歇根州，占地 2000 英亩，采用最新的装配线技术，是当时整个工业行业艳羡的对象。但随着时间的推移，工业组织的架构方式在不断进步，新技术层出不穷，工厂变得落后于时代，需要进行大规模改造。

令人有些难以置信的是,"铁锈地带"(原指美国东北部—五大湖附近,传统工业衰退的地区,现可泛指工业衰退的地区)散落着上百家逐渐衰败的工厂,正是组织架构的基本概念真实而具体的写照。事实证明,诸如森严的等级、中央集权式的强大官僚体制和细密的分工,这些20世纪早期的组织观念比起相伴而生的实体厂房更为持久、深入人心。但在当前的竞争环境中,这些观念已经不合时宜,亨利·福特所处的外部环境早已是遥远的过去。

今天,越来越多的公司开始意识到,他们不可能指望基于19世纪的组织设计在21世纪取得竞争成功。如同实体建筑已经出现许多新型结构一样,全然不同的组织架构正在涌现。

从本质上讲,有四个因素促使人们开发出新的组织架构设计方法。第一个是**目的**,或者说是建筑要实现的基本功能。例如,19世纪80年代末,大型零售商的出现需要一种全新建筑——商用复式楼,可以在方便、开放的空间内公开展示大量的商品。

第二个因素是**结构性材料**。显然,建筑师在解决特定设计问题时,需要有针对性地构建方案,材料的可用性在这其中扮演着重要角色。例如,传统的承重墙需要宽阔的地基,但也只能支撑几层楼的高度,没有结构钢的发展,只依靠传统的承重墙,是无法建造出摩天大楼的。

建筑师将建筑的目的与可用的结构性材料结合起来,形成了建筑设计的第三个要素——**建筑风格**。每出现一个新的目的,例如需要集中协调大量白领工作者的活动,就会催生出一种有关新材料的解决方案,例如结构钢,其结果就是诞生出一种新的建筑风格,那就是现代的摩天大楼。

最后,还有**附属技术**要素。这些附属技术对建筑的建设并非必不可少,但是没有它们,建筑就不能真正实现其用途。从理论上讲,即便没有电梯或通风系统,也可以建成帝国大厦,但我们很难想象有人会在这样的条件下长期工作。

现在考虑一下建筑与组织的相似之处。19世纪晚期，在新兴行业，特别是铁路行业中，首次出现对大量分散劳动力的行动进行协调和控制的需要，还需要监控仓库中大量的昂贵设备，并规划长期资本投资。对控制和协作的需要是一种新的商业**目的**。

当时新兴起的信息技术，如打字机、复写纸、早期的复印机、立式档案柜等，便是满足这一新目的所需的基本的**结构性材料**。它们使生成、收集和可检索存储的文字信息成为现实，这在当时是前所未有的。

结合新的目的和结构性材料，便出现了如今通常被称为机械官僚制的**组织设计**，其工作定义狭窄，控制范围小，按职能划分部门，等级森严。**附属技术**的发展——即科学管理的学科和技术——使得在当时的组织设计中，机械官僚主义盛行其道。

自近一个世纪前机械官僚主义发展以来，我们看到，今天的变革时期里崛起了新型的组织架构，任何事物都无法与之相媲美。新的目的、结构性材料和附属技术再次汇聚在一起，产生了全新的设计概念。

一系列外部商业环境的变化，如技术创新、全球化市场、消费者期望变高和政府参与等，正在重新定义传统的组织目的。与其寻找强调协作和控制的设计，组织现在需要的是速度、创新、以客户为中心和从根本上提升生产力。

两种结构性材料能使这种转变成为可能。第一个是**信息技术**，它使公司能够不受地域限制，同时向成千上万的人及时提供信息。信息技术不仅打破了传统上的时间和地域限制，还增强了协同和团队工作；组织也不再需要为了处理信息而去设立一个建制齐全的官僚机构；并为组织建立和分享集体知识提供了新的途径。第二个是**团队**的创新使用，与传统意义上的团队不同，此处的团队作为一个新体系结构的基本构件，依赖人们使用集体知识、判断、技能和创造力，和同事一起执行多种而非单一的工作和职能。

为了高效执行,新的架构需要新的附属技术。它们尤其需要新的领导技能,选择和培养关键人员的新方法,新的人力资源评估和激励方法,以及提高组织集体学习能力的新技术。

这些新的目的、结构性材料和附属技术结合在一起,促进了新型组织架构的发展。它的特点是组织的每一层级都有更大的自主权,增强了个人和团队的自主管理。它涉及创建自给自足的业务单元,这些单元负责一系列战略目标,还涉及能够快速适应商务环境急剧变化的结构设计。它打破了传统意义上部门与部门之间、甚至是公司与其供应商和竞争对手之间的严格界限,提供了更灵活的关系和联盟。此外,这一架构能够对组织的技术层面和社会层面有相当敏锐的认识,借用技术架构做类比,就是对组织的"硬件"和"软件"有着很高的敏感度。

在这本书中,我们列举了数家美国和世界各地的领先公司,它们正在开发符合自身特点的新型组织架构。其中一个领先公司是施乐公司,该公司在 1992 年进行了一次引人注目的再设计。和其他领先公司一样,施乐公司清楚地认识到转型的必要性,这将超越常规的修修补补,是颠覆性的再设计。施乐公司 CEO(首席执行官)保罗·阿莱尔(Paul Allaire)解释道:

> 比起以前所做的任何改变,我们现在正在进行的变革更为彻底。我们已经着手全面改变管理公司的方式。改变组织结构只是其中的一部分。事实上,"重组"这个词并不能真正反映我们在施乐所要做的事情。我们正在重新设计整个公司的组织架构(Howard,1992)。

这就是组织设计的本质——重新思考和重塑企业的每一部分结构,既有技术流程的重构,也有社会关系的重构。

组织设计是一种管理工具

组织架构的概念对理解战略变革提供了一个相当全球化的视角，并有助于为我们的讨论提供一个更宏大的历史背景。不过，设计其实是几乎每位管理者都可以使用的基本工具，而不仅仅为 CEO 和高管团队所用。除非整个公司的管理者都全然理解，并"认同"再设计的基本概念，否则公司层面的变革愿景不可能成功。在每一层级，管理者必须将整体的愿景转化为自己职责范围内的具有一致性的组织设计。成功的管理者既不是旁观者也不是受害者，他们会调整自己，努力去理解、支持和推动为整个组织制定的再设计原则。

事实上，作为一种管理工具，再设计受到欢迎并不新鲜。在早期阶段，一位参与了 1992 年施乐公司再设计的管理者告诉我们，在他为公司工作的期间内，已经历经了 6 次重大的重组，但没有一次成功地改变了公司的运作方式。那么是什么让再设计如此地吸引人呢？为什么这么多的公司都有过连续不断的重组，但往往以失败告终？为什么有这么多的管理者把再设计视为撬动变革的关键杠杆点之一？

首先，对大多数管理者来说，设计是少数几个可用于管理变革的杠杆之一。战略变革通常是一小部分高管的责任，如果经常进行，就会使整个组织陷入混乱。大规模的人事变动通常不切实际，而且会严重破坏组织稳定性。隐含的组织文化变革错综复杂，需要很长一段时间。相比之下，可以在许多层级上完成组织设计工作，所需时间相当短，并且至少从表面上看，可以快速实施再设计，且相对没有什么痛苦和不适。

除此之外，由于组织设计具有大范围改变业绩现状的巨大潜力，虽然这通常难以实现，但还是对管理者产生了相当大的吸引力。以康宁公司为例，经过20世纪80年代中期一次重大重组后，使两个以前无足轻重的业务——包括光纤——迅速成熟为羽翼丰满的业务单元，拥有自己的身份、领导团队、资源和战略目标。这两个业务部门在主席詹姆斯·霍顿（James Houghton）的眼里曾是"烦人的小生意"，然而不到十年，就已经占公司营业利润的一半以上。

此外，组织设计可以提供变革的抓手，直截了当地聚焦特定的问题。20世纪80年代中期，施乐公司决定将产品和服务的质量作为绝对优先事项，并早早地在公司和所有运营部门设立了管理质量的副总裁职位。这些职位的设立、在组织中的重要级别、履职者的能力，都明确表明公司正在发生一些重要的变革。

再设计如此吸引人的另一个原因是，它为管理者们提供了一个显而易见的机遇，尤其是那些刚刚开始履职的管理者们，让他们在业务运营中打上个人的烙印。1995年，化学银行和大通曼哈顿银行即将合并成为美国最大的一家银行，在着手设计合并后新的组织结构时，沃尔特·希普利（Walter Shipley）就是如此行事的。在执掌新公司的高管之间，希普利决心建立一种类似大学院校之间的关系，在这一治理结构中，他谨慎地选择了"合伙制"这个词，用来描述包括他在内的五位高管间的关系。

类似地，设计可以用来塑造一个组织的基调或运营风格。在康宁，霍顿开始相信，除非培养出一支与自己的愿景和价值观一致的管理骨干队伍，否则公司不可能发生颠覆性和持久的变化。因此，除了包括他的8人管理委员会之外，霍顿还建立了一个由30名高管组成的公司政策群，每年开会4～5次。然后，他将领导层延伸到第三个同心圆，创建了一个由130名公司高管组成的企业管理群，每年开一次会。这种新的正式组织架构强调了霍顿在观念上的承诺，为组织带来更具包容性的领导层。

设计有时标志着战略重心的急剧变化。1993年，兰德尔·托拜亚斯

（Randell Tobias）成为礼来公司的 CEO。当时的礼来在医疗保健行业表现不佳，资源分散在销售药物、设计手术工具、基础医学研究等各种活动上。托拜亚斯得出的结论是，如果公司想在任何领域中取得领先地位，就必须放弃其他不可能成为世界级高手的领域。因此，围绕肿瘤和中枢神经系统疾病等五个疾病领域，礼来对所有业务进行了重组。

最后，由于合并、收购或资产剥离，管理者们经常被迫参与到再设计的过程中，在组织的各个部分被合并或独立出来时，他们便扮演着设计者和再设计者的角色。例如，在 AT&T 决定将自己拆分成三家独立公司后，有数百名管理者被分配了各种设计任务。

因此，在大多数组织的生活中，经常进行设计和再设计就不足为奇了。无论是一位新任管理者重组一个小部门，还是福特汽车公司首席执行官亚历克斯·特罗特曼（Alex Trotman）将公司全球工程和设计活动重新配置为三个新的汽车项目中心，组织设计既重要又无所不在。除了个人领导力之外，没有任何一种管理工具能够提供如此强大的潜能来促成实质性的变革。设计决策定义了组织将向何处输送资源，它们定义了工作形式、工作流程、激励绩效，并随时间的发展，塑造了非正式的互动和关系的模式，这也许是最重要的。

为什么失败的再设计如此之多

然而，尽管设计上的改变会带来难以置信的影响，但有很多设计都做得很糟糕。包括 1984 年通用汽车的重组（我们稍后将对此进行研究）在内，都是彻头彻尾的灾难。每一次缜密策划、精心实施的成功，都伴随着几十次失败，加速了组织的衰败。至少，几乎每项指标都表明，构思拙劣、实施不当的重组通常都会造成混乱，耗损精力，降低效率。每一次设计、一次灵光闪现或对社会组织新颖的洞察，会伴随着十次弄巧成拙的尝试、未经深思熟虑又草率从事的努力。

考虑到组织设计的重要性，我们不得不问一个显而易见的问题：为什么这么多公司的组织设计都做得如此糟糕？答案既在于传统设计的理论，也在于当代设计的实践。

多年来，学术界对这一领域的指导，通常表现为古典管理理论家自以为是的解决方案。从20世纪60年代末开始，一直持续到70年代，文献着重于用更强大的方法论来理解组织结构。这些研究虽然提供了一些有价值的见解，但在面对特定的设计决策时，并没有给管理者提供所需要的指导。近年来虽有了一些进展，但总体而言，对大多数管理者来说，学术文献仍然没有什么实际用处。

相反，管理者不得不依靠自己的常识或管理咨询顾问的建议。这些方法虽然实用，但也存在一些危险的陷阱。

第一，他们有时只关注设计的技术方面，即正式的组织结构，而对于再设计产生的社会、文化和政治内涵，只是在设计结束后有过匆匆一瞥。结果，许多设计都没有通过推荐阶段，最终变成一套躺在书架上、夹在活页夹里的投影片。更糟的是，我们看到，其中一些设计实际上已经进入了实施阶段。

第二，有些设计只着眼于当前的个人和社会问题。这些设计通常是对当下迫切的个人和政治问题的直觉反应，而不是对战略需求的系统反应。通常情况下，关键设计决策背后的理由是："好吧，我们必须为团队中的每个人安排一份好工作。"这可能会避免一些不愉快的个人冲突，但这是基于当前结构的小修小补，而不可能是设想中的彻底改革，为组织的重新设计埋下隐患。仅仅重新洗牌而不改变游戏规则是一种纯粹的政治行为，在本质上无法提高竞争力。

第三，许多设计是由解决方案而不是由问题驱动的，近年来，美国企业界普遍想"找些东西进行再造"。在付出巨大的时间成本和代价后，大多数公司终于明白，如果只重新考虑具体的工作流程，而不是一个全面的战略性设计，"再造"就会成为一个有局限性和潜在危险的工具。但再造热潮说明了一种设计中过于常见的做法：一个管理者或咨询顾问沉迷于图书、商业杂志和研讨会中最新的设计理念，然后急切地寻找某个地方着手尝试。这些按图索骥、带着药方找病人的做法与认真寻找竞争优势没什么关系，仅仅是在管理上追求潮流，这种赶时髦的做法只会继续危害美国企业。

一个平衡的视角

在本书中，我们提出了一套全面的、平衡的组织设计方法，在任何组织或业务单元中，这一方法能够识别出实施成功设计所需的技术要求、人员动态和战略需求。我们的基本主题可概括如下：

（1）对每位管理者而言，组织设计是其工作中必不可少并应持续进行的一部分。

（2）设计源自组织的整体愿景，具体体现在具有一组清晰战略目标的战略规划中。组织设计的目标是形成一套正式的组织结构和流程，连同适当的非正式运营环境，给予人们完成工作所必需的技能、方向和激励，以实现战略目标。

（3）当管理者做出设计决策时，他们必须不断地平衡组织的两个方面——对执行战略目标所需工作进行设计的有效性，以及设计对个人、团体关系和组织政治动态带来的影响。二者都至关重要，面对永无止境的设计相关决策，管理者要在其中保持二者的适当平衡。

（4）设计的最终目标是创造性地使用新的结构性材料和附属技术，实现根本上的新架构，聚焦并释放每个组织中隐藏的竞争优势。

我们有必要强调第二点的重要性。本书不打算从头到尾讨论整个战略制定的流程。事实上，我们在一些其他著作中相当详细地讨论了开发全面的组织战略所涉及的问题和流程。本书的内容仅限于组织设计流程，即一旦组织及其领导者明确了总体愿景，制定并传达了一个清晰的战略，并形成了一套具体的战略目标，设计流程就开始了。正因如此，设计成为将战略转变为现实的重要工具。

这本书着重于组织设计的三个关键方面。我们将以一个特定的公司为例来说明每一章中提出的问题。首先我们会提供一些基本概念，用来思考组织和组织设计可能的影响；其次，我们会考虑管理者可能面对的一系列设计决策；最后，我们会提出一些组织设计如何做出合理决策的流程，这些流程都经过了验证。

我们在第 2 章开始介绍组织如何工作的整体模型，以及关键组件（设计）之间的关系如何对总体业绩做出贡献。在第 3 章中，我们将继续解释与组织架构和设计相关的基本要素和基本术语。第 4 章介绍了组织作为信息处理机制的重要概念，并探讨了各种设计形式对此的影响。

在第 5 章中，我们开始处理设计中涉及的关键决策，提出人员及工作分组的基本备选方案。然后，在第 6 章中，我们将讨论组织各层级用于连接和协同工作的系统和流程。在第 7 章中，我们会转换视角，考虑在企业层面的设计问题，我们会以施乐、太阳微系统和康宁等公司的创新为例进行讲解，它们从根本上重塑了内部结构和流程，通过寻找与合作伙伴、客户和供应商形成新的战略联盟，从而创造了新的架构来全面释放竞争优势。在第 8 章中，我们再次将重点转移到微观层面的设计上，对高绩效工作系统这一新兴架构进行阐述，并对流程再造进行讨论。

在第 9 章中，我们研究了设计流程中的关键步骤，追踪了凯泽永久医疗集团（Kaiser Permanente），这家美国最大的卫生保健组织，在北加州地区颠覆性重组了流程。这直接与实施新设计方案和重塑组织文化所涉及的问题相关，我们将在第 10 章中讨论这些问题。在第 11 章中，我们将设计视为一个持续的流程，而不是一个单独的事件，以此为基础进行分析，并解释了这一方法对组织领导者和管理者的重要影响。

在第 12 章中，我们将全书中提出的各种主张综合表述为 10 个基本主题，在未来的设计工作中，这些基本主题可以用来帮助和指导管理者。这些主题也为本书提供了一个总体框架，对于我们今后的学习大有益处：

（1）组织能力是竞争优势最后一个真正可持续的来源。

（2）组织架构为利用战略性设计开发组织能力提供了一个概念性框架。

（3）在组织的每一个层级上，设计都是影响绩效的最有力工具之一。

（4）无论其范围或规模如何，都有一些基本概念，可以用于每个层级的设计工作。

（5）在组织的任何层级上，都有应用设计流程的一套行动和决策逻辑顺序。

（6）不存在完美的设计，设计流程需要权衡选择。

（7）最好的设计是利用组织中人员的知识、经验。

（8）即使是最好的设计，也可能因计划不周、执行实施糟糕而偏离正轨。

（9）随着不断地再设计成为生活中的常态，成功的组织将学会创建灵活的架构，以适应持续性的变化。

（10）能充分利用竞争优势的灵活性架构和设计本身将成为终极竞争武器。

回顾 BOC 工业气体公司

从很多方面来说，BOC 工业气体公司对迫在眉睫的威胁的反应，都是再设计战略的教科书式案例。他们所用的流程有赖于全公司各级管理者们的大范围参与,管理者们首先诊断了他们的战略目标和组织满足这些目标的能力差距,然后开始重新设计组织的基本架构。

首先,通过开发"全球矩阵",他们重新设计了组织正式结构(见图 1-2)。换句话说,在保留现有的每个国家独立运营结构的同时,公司还为每个主要业务部门(如食品、钢铁和化学品)任命了全球产品经理,其职责跨越国界。与此同时,他们发起了一个能力提升项目,为 500 位经理提高技能和洞察力,以适应新的合作和团队文化要求。在两年内,企业发生了明显的变化,创新速度显著提高,工业气体公司再次赢得了来自全球客户的重要订单。

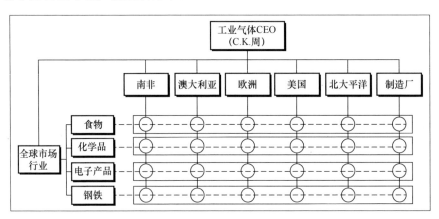

图 1-2 BOC(重组后)(注意:结构已简化)

我们将在后面的章节中看到,工业气体公司只是众多公司之一,他们开发了双重结构,在本案例中,该公司的结构基于产品线和地域。同时,也发挥了其在三个领域的竞争优势。首先,工业气体公司通过保留其传统结构,即在开展运营的每个国家都有半自治的子公司,解决了不同客户和市场的独特需求。其次,其全球产品线能够满足大客户的一站式采购需求。最后,工业气体公司通过将责任分配给负责实现目标的特定岗位上的管理者,产品线组织结构也为新技术的开发、传播和构建提供了一个抓手。

换句话说,工业气体公司为了技术创新和以客户为中心,正在意识到并且也在发展其传统的组织能力。面对扼杀了这些能力的日趋老迈的组织设计和文化,公司需要进行改造。多年以来,公司可以凭借独占鳌头的技术屹立于世,市场和客户都非常本地化,除了公司总部之外,一个分公司的管理者无须与任何人打交道,旧的组织架构已经足够满足运营。但是,我们讨论过,技术正在快速变革,走向全球化的客户和竞争对手日渐盛行,工业气体公司恰恰成了这种趋势的牺牲品。

周先生和工业气体公司没有让一些高管调换工作,也没有重新安排汇报关系,而是选择创建一个颠覆性的新结构,然后帮助管理团队学会以前所未有的方式进行协作。在这个流程中,他们成功地设计和构建了一个具有强大竞争力的新组织架构。

但每一个成功的设计流程,也包括周先生的这次设计在内,都始于对组织如何运作的基本理解,以及可以重新配置的变量,支持由内及外的深刻变化。在第 2 章中,我们将会探讨组织如何工作的基本概念。

第 2 章

绘出组织关系图

施乐公司：设计与战略一致的组织

到 1991 年，施乐公司正在稳步重获市场份额，实现美国企业历史上最为成功的一次东山再起。在大卫·科恩斯（David T. Kearns）的领导下，施乐成为第一家击败日本竞争对手的美国大公司。施乐对质量高度重视，因此赢得首个年度马尔科姆·鲍德里奇美国国家质量奖（Malcolm Baldrige National quality Award）。施乐对其战略进行了大规模、系统性反思，最终将一度分散的精力和资源都集中在"文档处理专家"这一精确定位上。

但公司仍要做许多工作。科恩斯的继任者保罗·阿莱尔意在找出导致痼疾的因素，最后阿莱尔认为，如果想实现新战略，公司必须彻底转型，成为"新施乐"。老施乐的固有问题体现在公司运营的方方面面。

尽管公司采取了新的战略，成功地将精力与资源聚焦在质量上，但施乐依然是按照传统的"职能型的机械方式"（见图 2-1）进行运转。公司众多的关键决策都是出自一个大权在握、人手冗余的总部办公室，能与之相提并论的或许是苏联政权中的中央委员会。复杂的官僚体制妨碍了负责经营的核心管理层自主决策，同时也混淆了在产品和服务的开发和交付方面的责任。无论是技术创新、满足客户需求的产品开发，还是适应新市场环境的能力，施乐都落伍了。公司仍然在过多地关注内部运营，而不是客户需求。

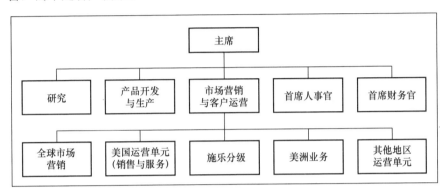

图 2-1 1991 年的施乐

简而言之，尽管施乐取得了长足的进步，但其机构过于集中、过于复杂，没能发挥出员工的主动性、判断力、创造力和活力。由于没有从根本上改变公司的运营方式，公司在生产力、创新、客户服务上都付出了沉重的代价，最终的财务表现上也不尽如人意。

理解组织

在 1991 年，保罗·阿莱尔需要构建全新架构的组织，这是组织方面的经典案例。由于不断变化的业务环境带来新的问题，管理层要寻找解决方案，彻底重塑组织往往始于制定新战略。也正是在此时，施乐发现，公司传统的组织方式无法实施新战略，二者根本无法匹配。

而且，阿莱尔非常清楚，仅仅重新调整组织结构图上的框框并不能解决问题。公司需要一个全新的架构，能够培育出新的组织能力，即提高速度，促进创新，明确问责，以客户为中心，简化结构，加强自主管理。阿莱尔认识到，要成功进行组织再设计，就必须进行彻底转变，从组织的工作、正式结构到流程、企业文化和员工，涉及组织的方方面面。

即使在公司运行情况最好的条件下，1991年的施乐所面对的根本性再设计挑战，（同时也是越来越多的其他各类组织所面对的挑战），也是极其困难的。但解决这些问题并非完全不可能，如果组织设计的领导者配备了一个概念化的路线图，这张路线图描绘出组织相互关联的各类关系间的复杂模式，而这正是组织真正的内核和灵魂，有了路线图的辅助，领导者们便能够克服挑战。本章便会提供这样一个路线图——组织模型。包括保罗·阿莱尔和施乐管理团队在内的数千名高管和管理者，都曾凭借这一路线图理解并重塑组织。第4章提供了一个更为精细的模型，专门用于解决设计问题。但在这一阶段，我们的目的是提供理解组织的一种有效方法，用来分析人员、工作、正式结构、非正式实践和行为之间的关系，这一方法超出了资产负债表和人员编制表的范畴。从这个角度出发，我们提出的模型基于一个相对简单的前提，即每个组织都是一个高度整合的系统，其绩效由主要组件之间的一致性程度所决定。

我们的通用模型与组织架构的概念直接相关。正确的架构不能自动保证完美的一致性，但是错误的架构几乎肯定会导致失败。保罗·阿莱尔意识到，如果保留公司层面的总部办公室，依然将权力集中、面面俱到、独揽几乎所有决策，那么建立9个独立的业务单元，在办公品市场所对应细分的领域中，要求每位业务单元总裁满怀创业家精神地拼搏开拓，这些举措便毫无意义。因此，在再设计中，施乐赋予了总办公室一个全新角色，注重战略和协同，而非经营管理和控制。与此同时，施乐很快便发现，原有的管理者们缺乏经验，也缺乏创业型领导所需要的人格特质。于是，在为新工作评估和培养合格的候选人方面，施乐又设计了全新的流程。

那么，对于任何打算重新设计组织的人来说，在他们的头脑中浮现出的最为关键的问题和最相互冲突的要求应该是什么？这牵涉到两组问题（见表 2-1）。首先，设计者必须考虑到，为了实现战略目标，什么样的组织结构能最好地保证组织管理其业务。其次，设计者必须考虑到，这些新的组织结构将如何影响公司的文化、政治和组织成员的非正式行为模式，这三者也会反过来影响新的组织结构。

无论从结构视角还是社会视角出发都是可行的，但只考虑单一视角常常会产生问题。只专注于结构和正式的工作流程，从理论上看，组织结构可能看起来非常有吸引力，但却是纸上谈兵，因为根本无法找到合适的人能将其落地。实际上，按这样的思路进行组织重构，产生的问题可能比解决的问题还要多。而如果完全基于社会和文化视角，那么可能员工每天都很期待上班，但这些令员工感到快乐的工作无助于实现至关重要的战略目标，企业可能会倒闭。

表 2-1 两种组织设计视角

战略/工作绩效	个人/社会/文化
设计支持战略实施	现有员工如何适应设计？
设计有利于工作流	设计如何影响不同群体之间的权力关系？
设计允许高效的管理控制	设计如何符合人们的价值观和信念？
设计创造可行的、可衡量的工作	设计将如何影响组织的基调和经营风格？

关于组织的根本目的，这两种观点截然不同。战略/工作绩效视角将组织视为纯粹的执行战略所需的工作机制，如果成功，将为顾客和股东创造价值。这种视角认为，组织本质上是一种经济机制，创建它的目的就是实现个人单独工作不可能达成的结果。而个人/社会/文化视角把组织看作满足组织内外各类利益相关者的需求、愿望和志向的工具。因此，这一视角认为组织是社会有机体，其存在的明确目的就是为了满足个体的需要，协助其行使权力，并表达个人或集体的价值观。

作为管理工具的概念性模型

显然,这两种视角都有一定的合理性。从事组织再设计的管理者应该牢记二者平衡的重要性。为了实现这一点,他们需要一个模型作为思想工具,在重新配置组织要素时,对那些复杂的利益进行梳理,而不仅仅做理论性的工作。模型的选择至关重要,在实践中,它将指导设计者的分析和行动。原因如下:在任何组织中,解决设计等问题都需要收集、分析和解读信息,以确定具体问题和对问题做出适当的回应。无论是绘制在挂图上的模型,还是潜藏于思维深处的非正式模型,都影响着我们收集的信息,指导我们解读和分析,并影响最终决定。事实上,由于个人的经历,凡是熟悉一个组织的人,其心里都会有某种模型。在第 1 章中,我们提到沃尔特·希普利的例子,他计划将大通曼哈顿的高管团队设计成"合伙制",他的想法从何而来?希普利常说,从父亲那里学到的合伙制理念对自己影响很大。希普利的父亲曾是著名投资银行的合伙人。根据这些经验,希普利提出了一个如何架构组织的思考模型。

希普利的模型清晰可见,但对大多数人来说并非如此。尽管在质量、有效性和复杂性上有着千差万别,大多数人构想的组织模型都很模糊,也都没有对外明说过。但并不妨碍这些模型强有力地指导人们的思想和行动。

有关组织的基本观点

若要"绘制一幅组织的图像",大多数管理者通常会画出传统的金字塔形结构,这是几个世纪以来层级化组织的特征。这种结构是基于特定时间节点的组织快照,将工作和业务单元视为组织中最关键的因素,其重点在于工作和业务单元的稳定配置。当然，这也有助于员工从概念上了解企业。但这种模型非常不利于企业的长远发展，有着严重的局限性，它没有考虑到诸如领导力、外部影响、非正式行为和权力关系等关键因素。在任何复杂的组织中，传统组织模型描述的情形，只是实际情况的冰山一角。

在过去的二十年里，将组织视为系统的新模型正在逐渐取代这种传统的静态模型。出现这种新的观点，是人们通过反复研究，发现社会有机体拥有许多与机械系统和自然系统相同的特征。而且，一些理论家认为，如果将组织视为动态的、"开放的"社会系统，就能更好地理解组织。

设想你熟悉的任何组织，比如你所属的组织，现在的竞争环境与十年前甚至五年前一样吗？竞争的本质是否因新竞争者的出现、技术更新或政府放松管制而改变？组织结构和管理是否与过去一样？员工使用的技能、知识和管理技巧还相同吗？客户在价值、质量、交付和服务方面的需求有变化吗？显然，组织的每一个组成部分以及外部环境都在不断变化，而且每一个变化都有可能引发极大的连锁反应。

这完美地符合了系统的定义。一般来说，系统是一组相互依存的要素，一个要素发生变化会影响其他要素。进一步来说，开放式系统与环境交互，从外部获取输入，并将其转换为某种形式的输出。以制造工厂为例，工厂由部门、工作所需的技术、员工等互不相同但彼此相关的部分组成。工厂接收来自环境的输入，如资本、原材料、生产订单、成本控制指南等，并将之转化为产品或输出。

就像任意一个基本系统，组织展现出一些共同的特征。第一个特征是，内部相互依存。组织的一个部分发生更改，经常会对其他部分产生影响，而这些部分相互关联。在制造工厂中，若某一个要素，比如员工技能水平发生变化，将影响生产速度、产出的质量和相应的管理方式。

第二个特征是反馈的能力。反馈帮助组织纠正错误，甚至改变自身。在工厂里，如果数据显示产品质量下降，管理者可以利用这些信息来确定导致问题的因素。可人类的组织毕竟有所缺陷，系统给出了反馈，并不保证人们会采纳这些反馈，或者采纳的方式是恰当的。

系统的第三个特征可称为平衡。当一个事件导致系统失去平衡时，系统将试图回归平衡状态。假如，出于某种原因，工厂的一个工作小组突然增加产量，系统将严重失衡。供应商难以跟上步伐，而库存将开始积压。但无论如何，系统会自行恢复平衡。要么工厂的其他部门加快步伐，要么产量大增的那个小组会减少人手或生产原料。

第四个特征是，系统可以通过不同的结构形式产生类似的输出。构建体系并没有"最优解"。这一点在组织设计中尤为关键。第9章将指出，设计过程中最关键的一个步骤是制定和思考多个备选的设计方案，管理者再从中选择最合适的选项。其挑战就在于如何在独特的社会和技术需求背景下，找出对这一特定组织来说最为适合的设计方案。

最后一个特征是，成功的系统具有适应性，即不断调整以适应环境需求的能力。工厂可能引领着印刷电路板的生产，但由于市场转向集成电路，工厂或因没有转变业务而倒闭，或通过改进技能、设备和技术来满足市场需要。道理很简单，任何系统都必须不断适应变化的环境。

与旧的金字塔状的结构相比，开放系统理论显然有助于以一种更复杂和动态的方式来思考组织。然而，这种理论仍然太抽象，在解决日常的组织问题方面没有太多的实际用途。我们需要的模型既包含开放系统的这些一般性概念，也要能更为实际地帮我们解决问题。

一致性模型

得益于著名理论家凯兹、卡恩以及赛勒、洛尔施等先驱的研究，我们从20世纪70年代中期开始构建这样的模型。我们还在哥伦比亚大学进行同步研究，麻省理工学院的杰伊·加尔布雷斯（Jay Galbraith）和斯坦福大学的哈罗德·莱维特（Harold Leavitt）也在沿着同样的路线进行研究。经过集思广益，一种看待组织的新方法诞生了，多年来，来自数十个组织的数千名管理者都受益于这种方法。我们将这个概念框架称为"组织行为的一致性模型"。

根据这一模型，任何组织的组成部分都在不同的平衡和一致状态下共存，我们称之为"契合"。各部分的契合程度越高或越"一致"，组织的效率就越高。该模型清楚地说明了系统中相互依存关系起到的关键作用，并特别强调了组织将输入转换为输出的转化流程。

要理解整个组织是如何工作的，便要了解组织的每个重要组成要素。这些要素包括：输入，即组织的外部环境和内部环境对系统的输入；战略，即有关组织如何应对竞争激烈的外部环境，并将这一特定愿景转化为一系列实实在在的业务决策；输出，即组织为满足其战略目标而需要生产的产品和服务；就我们所用的模型而言，特别重要的是，还要包括工作流程和业务流程，即将资源转换为产品与服务的转化流程。我们将依次对上述要素进行阐述。

输入

输入，指在任何时间点，组织都需要接受的"给定"要素。输入有三种主要类型，每一种都以不同的方式影响着组织。

1. 环境。每个组织都存在于一个大环境中，并受其影响，这个环境包括人、其他组织、社会和经济力量以及法律约束。更具体地说，环境包括市场（客户或顾客、供应商、政府和监管机构、技术和经济状况）、工会、竞争对手、金融机构和特殊利益集团。环境在三个方面影响着组织的运作。

首先，环境对组织有要求。例如，客户的需求和偏好主导着组织提供的产品或服务的数量、价格、质量。其次，环境往往会对组织施加限制。这些限制包括资本匮乏、技术有限、政府法规、法院判令，或集体谈判协议造成的法律限制。再次，环境为组织提供了机会，如由于技术创新、政府放松管制或消除贸易壁垒，新市场获得潜力。

2. 资源。输入的第二个要素是组织资源。这包括组织拥有的所有资产，如员工、技术、资本和信息。资源还可能包括无形资产，例如对市场中组织的认知或积极的组织氛围。

3. 历史。有充分的证据表明，一个组织的运作方式在很大程度上受到过去事件的影响。是过往的发展历程——组织的战略决策、核心领导者的行为、面对危机的反应以及价值观和信念的演变——造就了今日的组织，如果不能理解这些，就不可能完全了解一个组织现有的或未来的能力。

战略

环境条件、组织资源和历史不能在短期内改变，这些是组织必须在其中运行的"给定"设置。在既有环境的现实条件下，每个组织必须首先制定和清晰地阐明组织的愿景，它准备如何竞争和将要成为一家什么样的机构，并根据这一愿景提出相应的战略，即根据环境给出的需求、限制条件和机会，如何分配稀缺资源的一系列商业决策。

更具体地说，战略可以定义组织选择进入什么样的市场、提供什么样的产品、利用什么技术和发展什么样的独特竞争力。在考虑了环境带来的威胁和机遇、组织的优势和劣势、组织历史造就的运作模式的基础上，管理者必须决定组织向哪些市场提供什么产品和服务，如何通过可持续发展的优势在竞争中制胜。接下来，还必须将这些长期的总体性战略目标细化为一系列内在具有高度一致性的短期目标和支持性策略。

对于管理者来说，这些关于产品、市场和竞争优势的决策至关重要。做出错误战略决策的组织将表现不佳或惨遭失败。再多的组织设计也无法支撑一个考虑不周的战略。同样，除非战略与组织的结构和文化能力相一致，否则无论理论上的战略多么雄心勃勃，都不可能成功。因此，管理者面临的挑战，是如何设计和建立一个能够实现战略目标的组织。

在实践中，战略源于描绘组织未来的共同愿景，是有关组织规模和架构、竞争优势、在市场中的相对领导地位和经营文化的共同构想。不过，战略不仅与未来的展望有关，还与具体的、可衡量的目标密切相关。愿景要融入战略意图，融入一系列的具体目标，组织若要实现指导性愿景，就必须实现这一系列的目标。

成功的组织会通过塑造、阐明愿景及一系列目标开启重大变革。如施乐在20世纪80年代中期提出"以质量领先"的计划，在20世纪90年代提出"文档处理专家"。福特的愿景是"福特2000"，是为取得市场领导地位和实现卓越质量的一系列目标。康宁在20世纪80年代进行的再设计工作，遵循了名为"康宁之轮"的指导愿景，采用一种全新的方式看待集团五个主要业务领域之间的关系。太阳微系统公司则基于太阳和"行星"的关系，在20世纪90年代早期设计了全新架构，取得了巨大成功。根据这一概念，公司内部运营的竞争潜力得以利用，重新调整传统部门，形成松散的、相关联的半自治网络企业，涉及硬件、软件、销售、服务和分销渠道，这些"行星"围绕着一个中心协调单元——"太阳"——运行。

在第7章，我们将更详细地研究上述部分的再设计案例。在本章中，读者需要明白的是，战略意图清楚地阐明了有关组织未来发展方向的愿景或一系列抱负，而战略性设计应该完完全全地紧跟组织的战略意图，理解这一点是至关重要的。

输出

在我们的组织模型中，"输出"是一个宽泛的术语，描述了组织产出什么、如何运作，以及组织的成效如何。"输出"不仅是指组织在创造产品、提供服务或产生一定经济回报上的有效性，还可以表示组织内个人和集体的绩效有效性。

在组织层面上，有三个评价绩效的标准。首先，组织实现战略目标的情况如何？其次，组织利用现有资源来实现目标的情况如何？包括"耗费"现有资源，以及开发新资源的表现。再次，组织如何重新定位，抓住新机会，抵御环境变化带来的威胁？

当然，团队和个人的绩效会直接影响组织的整体绩效。但在特定情况下，个人和集体在态度和能力上的变化，如满意度、压力、士气低下或获得重要经验等，都可以视为输出或转化过程的结果。

对于参与组织设计的管理者来说，核心问题是如何识别"绩效差距"。这需要管理者对"战略意图"中阐明的具体目标与实际输出进行比较，我们将在本章后半部分更详细地讨论这一部分。"绩效差距"有助于突显出没有达成输出目标的业务活动，并为确定组织再设计工作中的重点提供基本的指导方针。

作为转化过程的组织

一致性模型的核心是组织的转化过程。组织利用环境、资源和历史隐含的"输入"，产出一系列的"输出"。组织包含四个关键组件：工作、执行工作的人、为工作提供指导的正式结构，以及反映价值观、信念和行为模式的非正式结构（有时被称为"文化"）。对于参与组织设计的管理人员来说，问题是如何找到组合这些组件的最佳方式，创造出满足组织战略目标所需的"输出"。那么，理解组织的各个组件及各组件之间的关系至关重要。

1. 工作。 我们以这一通用术语指代，为了实现公司战略，由组织及其各个部分完成的基本和内在的工作。由于完成上述工作是组织之所以存在的首要原因之一，因此，从组织设计视角出发的任何分析，首先要始于对所要执行的工作本质和工作流模式的理解，并始于对"工作更为复杂的特征"的评估，这些特征包括工作所要求的知识或技能、工作能提供的奖励，和随工作而来的压力或不确定性。

2. 个人。 从组织"契合"的观点来看，关键问题是，对于负责核心工作中一系列任务的相关人员，要识别出他们需要具备的重要特征，这意味着管理者要从技能、知识、经验、期望、行为模式和人口统计的角度看待员工队伍。

3. 正式的组织安排。 是指清晰明确的结构、流程、系统和程序，用于组织工作和指导个人绩效活动，使其与战略保持一致。

4. 非正式组织。 与正式的组织安排并存的是一套非正式的、不成文的指导方针，对集体和个人的行为产生强大影响。也称为组织文化和运行环境，非正式组织包括流程、实践和政治关系的模式，这些模式具体表现为在公司中工作的个人所具有的价值观、信念和公认的行为规范。非正式的组织安排在事实上取代正式结构和流程，这样的情形并不罕见。这些正式结构和流程存在已久，以至于失去了与当前工作环境所处现实的相关性（见表2-2）。

表 2-2 组织的四大组件

组件	工作	个人	正式的组织安排	非正式组织
定义	由组织及其各个部分完成的基本和内在的工作	组织中的个人的特征	为了使个体可以完成任务,正式创建的各种结构、流程、方法	潜在的结构、流程、关系
每一组件的关键特性	与工作相关的不确定性程度,包括相互依存的程度和重复性等因素 完成工作所要求的技能和知识类型 工作本身可以提供的回报类型 对工作固有的绩效要求的限制（在给定的战略下）	个人拥有的知识和技能 个人需求和偏好 认知和期望 背景因素 人口统计特征	按职能创建分组,单元结构 协调和控制机制 工作设计 工作环境 人力资源管理系统 奖励系统 地理位置	领导者行为 规范、价值观 组织各团队内部的关系 组织内各团体间关系 非正式的工作安排 沟通和影响模式 关键角色 氛围 权力、政治

一致性的概念

在前文中提到,由于我们的模型基于"开放系统",主要关注组织内各组件之间的关系和相互作用,以及这些关系如何影响业绩和输出。在任何给定时间,在组织的每两个组件之间,都存在着某种程度的一致性,所以,我们将其定义为一个组件与其余每一个组件之间在需求、要求、目的、目标或结构上的一致性程度。

换句话说,一致性可用以衡量各组件的契合程度。如在 1991 年,施乐决定提供一系列产品和服务,以满足客户在生产、处理、共享、存储和检索文档方面的一整套需求。但是,施乐的组织结构无法对文档处理过程的每个要素给予必要的关注。我们在前文中也提到,施乐没有培养出一群在经验或性格上都非常合适,能够从头到尾负责开拓新市场的管理者。结果,在该组织的不同组件之间,一致性程度低得可怜;施乐缺乏正式的结构、个人能力、运营环境以及完成工作的工作流程。（各关键要素间一一对应的一致性关系概述见表2-3。）

表2-3 契合的定义

契合	问题
个人—组织	组织设计的安排如何满足个人需求？ 人们对组织结构是否有清晰的认识？ 个人和组织的目标是否一致？
个人—工作	工作如何满足个人的需求？ 个人是否具备相应的技能和能力，可以满足工作要求？
个人—非正式组织	非正式组织如何满足个人需求？ 非正式组织如何利用与非正式目标一致的个人资源？
工作—组织	组织安排是否足以满足工作的需要？ 组织安排是否能激励与工作要求一致的行为？
工作—非正式组织	非正式组织的结构是否有利于工作的开展？ 是否有助于满足工作的要求？
组织—非正式组织	非正式组织与正式组织的目标、奖励系统和结构相一致吗？

关于一致性的假设

作为整体，每个组织都会展现出相对较高或较低的整体一致性程度。模型的基本假设如下：在其他条件相同的情况下，这些不同组件的一致性或契合程度越高，组织的效率就越高。换句话说，战略、工作、人员、结构和文化的一致性程度，将决定组织开展竞争和取得成功的能力。

寻求一致性的基本动因在于，当组织的各个部分相互契合时，组织才是最高效的。如果我们将战略也考虑进去，上述观点展开来看就是，一致性也包括组织与其更广阔的环境之间的契合程度；当组织的战略与其所在的环境（鉴于组织资源和历史）相一致时，当组织的组件与实现战略所必要完成的任务相契合时，组织是最高效的。再以施乐公司为例。其"文档处理专家"的战略完全适合不断变化的竞争环境，问题在于，组织的各个方面都与战略不相符。

一致性假设的一个重要部分在于：诊断组织问题要求描述系统，识别问题，并确定不一致的根源。一致性模型还意味着，采取不同的方式组合各个组件，仍然可以获得某种程度上你所期待的输出。因此，要改变一下提问的方法，不一定是要找到"一种最好的管理方法"，而是要确定各组件之间的组合方式，使之能达成最大程度上的一致性。思考一致性的另一种方法是从结构的角度出发看待这一模型，在这种情况下，就是思考组织技术层面的架构。包括三个要素：

- 硬件——计算机、显示器、键盘、调制解调器、磁盘驱动器、服务器、电缆、打印机、扫描仪以及其他组成计算机系统的物理设备。
- 软件——一组编码的指令集，使硬件能够单独或共同地作为一个系统或网络运行。
- 人机界面——人们实际选择和使用软件，使硬件执行所指定的功能。

显然，每个组件的有效性取决于其与系统其余部分的契合程度。无论硬件还是软件，离开了另一方便毫无用处。一些硬件和软件就是不兼容，共同使用相当于不起作用。另外，还有各种各样的软件可以在所有硬件上运行，但有些组合比另一些组合运行得更顺畅。然而，即便找到了硬件和软件的最佳组合，还需要使用组合的人知道如何使用软件和设备，才能起作用。使用者必须对自己将要执行的工作有着清晰的概念，必须受到激励，迅速且认真地完成工作。

技术架构与组织架构的相似之处很明显。在许多组织中，术语"硬件"便指一致性模型的技术/结构的方面，即工作和正式的结构安排。"软件"类似于非正式的运营环境，像软件一样实际上看不到、感受不到或摸不着，但可以很容易地发现其对机器或组织运行的强大影响。在这两种情形中，人们的技能、动机以及主导的价值观和信念决定了完成工作的有效性。无论是技术结构还是组织结构，所有组件间真正的契合决定了绩效的有效性。

虽然一致性模型和结构的概念提供了一般框架，但组织设计者需要其他更为具体的模型，来帮助定义高一致性和低一致性，特别是在正式的组织安排和其他组件之间的一致性上。在第 4 章，我们描述了一个专门针对关键关系的模型。

总之，我们已经描述了一个理解组织的通用模型（见图 2-2）。该模型体现了组织作为一个系统的特点，特别体现了输入转化为输出的过程。而这一过程又受四个基本组件之间的关系所驱动。关键在于组件之间的契合度或一致性。现在，我们来看看这个模型如何用于分析组织问题。

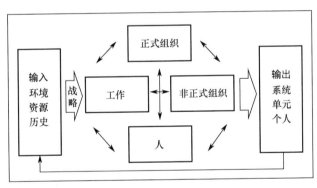

图 2-2　诊断组织行为的一致性模型

分析组织的问题

组织面临的环境经常变化。因此，高效的管理者必须不断地发现并解决新问题。这需要管理者收集关于绩效的数据，将实际绩效与目标相匹配，找出问题的原因，选择和制订行动计划，最后，实施并评估这些计划的有效性。任何组织若要在长期取得成功，都需要沿着这些路线不断地进行解决问题的活动。

根据经验，我们开发了一种使用一致性模型解决组织问题的一般性方法，包括以下步骤：

1. 识别征兆。 在任何情况下，最初收集的信息都可能显示业绩不佳的征兆，但却无法确定真正的问题及其原因。但这一信息能使后续的调查专注于寻找更完整的数据，因此这一步仍然很重要。

2. 明确输入。 发现征兆后，第二步是收集有关组织环境、资源和关键历史的数据。输入分析还包括确定组织的总体战略，即核心任命、支持性策略和目标。

3. 确认输出。 第三步是在个人、团队和组织层面分析组织的输出。输出分析需要就组织的每个层级确定需要什么样的输出来实现总体战略目标，然后收集数据，以精确地衡量实际上实现了什么样的输出。

4. 识别问题。 第四步是找出计划与实际产出之间的具体差距，并找出如组织绩效、团队功能或个人行为等问题。例如，如果有现成的信息，通常有助于识别问题造成的成本，或无法解决问题带来的成本。成本可能体现在实际成本上，如费用增加，或体现在错过的机遇上，如收入损失。

5. 描述组织组件。 此处，分析不仅仅是识别问题，而是开始关注原因。首先，收集关于组织四个主要组件的数据。但请注意，不是所有的问题都由内部因素导致。一些是外部环境变化的结果，比如监管环境发生变化，出现了新的竞争对手，实现了重大的技术突破等，都使得现有的战略不够充分或落后；先考虑战略问题变得很重要，这样能避免管理者过于狭隘地只关注组织内部导致问题的原因；否则，组织就有可能只是在更高效地做错误的事。

6. 评估一致性（契合度）。 利用第五步收集的数据，评估不同组件之间的一致性程度。

7. 提出有关问题根源的假设。 第七步就是寻找相关性，即较差的一致性和正在影响输出的问题之间的相关性。一旦确定了问题，手头的数据将用于测试契合度低是否确实是影响输出的关键因素，以及测试契合度低是否是带来改进的潜在杠杆点。

8. 确定行动步骤。 最后一步是确定行动步骤，包括针对比较明显的问题做出具体改变，以及进行更广泛的数据收集。此外，这一步需要管理者预测各种行动的结果，选择相应的行动、实施计划，并评估其影响。

回顾施乐公司

面对重新设计施乐基本架构的艰巨任务，保罗·阿莱尔启动项目的第一件事，就是在全公司范围内挑选并任命一个由管理者组成的小组，设计小组研究了其他机构使用的各种组织设计模型，然后带着重新设计施乐的四个方案向阿莱尔做了汇报。在该小组完成任务后，阿莱尔和公司的高管团队在前期工作的基础上提炼了一个基本架构，用来全面重组施乐的核心业务，我们将在第 7 章进行更详细的阐述。

从根本上讲，施乐彻底改变了组织结构，没有按照产品开发、生产、销售和服务等传统职能进行组织，而是创建了九个独立的业务单元，每个单元针对特定的市场细分领域提供各种产品和服务。施乐将重点从内部运营转移到客户需求上。

在决定了总体设计后，阿莱尔任命了第二个小组：组织转型委员会（OTB），该小组的成员是比公司总办成员的职级低 2～3 级的高管们，以完善运营计划，制定实施策略。

与此同时，OTB 投入了相当多的时间和精力，制定了一份新施乐管理人员所必备的性格特质清单。与过去施乐的管理人员所展现出的风格和特点相比，其中一些特质有着显著的差异，这些性格特质后来成了在新施乐中评估和任命管理者担任高级职位的指导方针。

施乐的再设计过程之所以成功，很大程度上是因为指导再设计的高管们深刻认识到，组织的各个方面都需要做出改变，而且是持续改变。高管们不仅重构了正式的组织结构和流程，即我们的模型中所说的工作和正式安排，而且还高度关注对管理者所需技能、性格特征和管理风格的界定，这些对负责构建一个新的运营环境的管理者们来说极其重要。

施乐的经验表明了一致性模型与再设计任务间的关系。在大多数情况下，管理的第一项任务，是在组织的历史、资源、环境和内部能力的背景下制定战略。第二步是通过创建、塑造和维护一个组织来实施这些战略。这需要不断定义所要执行的关键任务，确保个人受到激励并有能力执行这些任务，并根据战略、工作需求、文化和人员制定正式和非正式的组织安排。

从根本上说，组织设计包括配置正式的组织以支持战略的实现。但同样重要的是，组织设计还需在正式的组织、工作、人员和非正式的运营环境之间达成适当的契合。我们在第3章将会说明，理论上看起来很合理的再设计，当受到人的影响时往往会失败，而人在每个组织中都发挥着强大作用。

第3章

组织设计的原则

Technicon：祸起研发

在很多层面上，Technicon 是一个典型的创业成功故事。第二次世界大战后不久，Technicon 成立于纽约布朗克斯的一间阁楼里，公司主营设计、制造和销售临床及工业实验室的诊断设备。在 20 世纪 60 年代后期，公司开发出一种突破性的工作流程，用来分析血液样本、人体组织和工业化学品，并成功地将其推向市场。实现销售额飙升，公司得以蓬勃发展。

但是公司的发展也带来了问题，尤其是研发部门，而该部门负责对公司至关重要的研发活动。Technicon 一直处于技术创新的前沿，因此声名远扬。研发部当时的主管为约翰·怀特黑德（John Whitehead），是公司创始人的孙子，CEO 的儿子。一些顾问曾受怀特黑德的邀请，来到 Technicon 位于纽约塔里敦的总部，怀特黑德向他们表示："公司在技术研发方面遭遇瓶颈，研发部两年来都没有推出一款成功的新产品。考虑到面临的竞争，如果不尽快采取相关行动，整个公司将有大麻烦了。"

怀特黑德表示，公司广泛存在士气低落的问题。特别是一些主要研发人员，都纷纷跳槽为竞争对手工作。创新正在枯竭，新产品开发的周期变得越来越长，速度宛若匍匐前行。但还有更糟糕的情况。多年来，Technicon 一直实质性地垄断着主流诊断产品线，但近来 Technicon 忽然陷入与杜邦等大公司的激烈竞争中。

在诊断流程中，顾问们了解到，研发部由七个单元组成，根据学科分工清晰地划分为基础研究部、系统部、诊所化学部等（见图 3-1）。每位项目总监单独负责一个正在开发的项目，根据需要协调来自不同部门、拥有不同学科背景的人。

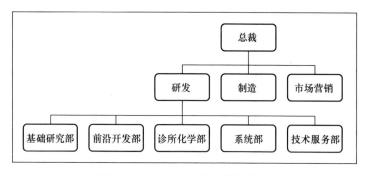

图 3-1　Technicon（原先的架构）

在这些项目运营中，合作是成功的关键。但顾问们发现，不同专业的研发人员之间充斥着不信任和对抗的情绪。研发部内部明显缺乏团队合作，进而影响到了与公司其他部门包括生产和营销等部门的往来。研发人员没什么动力投身于产品开发。毕竟，对研发人员的财务回报是基于他们获得认证的新专利数量和在专业领域得到的认可，而不是基于开发出可供销售的产品和工艺流程。此外，高管团队还会在项目进行到一半时突然终止项目，改从外部引进新技术，这更打击了员工士气，以上两方面都造成研究人员不愿开启新项目。项目总监听命于研发业务的负责人，往往无力调配所需的资源。

面对这一系列严峻挑战，怀特黑德聘请了一位新的部门负责人作为副手。两人一起对问题和可能的解决方案进行了头脑风暴。最后，两人召集了单元内的所有人，宣布了一项重大重组决定——减少部门层面的负责人，增加项目经理的权力，并修订了激励机制，鼓励研发人员开发出满足客户需求的产品，而不只是看重先进的技术。

引言

把自己关在房间里，绘制一个新的组织结构图，便能解决主要问题，这个想法极其诱人。这一做法也很简单利落，你不需要花时间和不懂"大局"的人们争论。你只需要绘制新的组织架构图，向全体人员解释有哪些变化，然后把他们派到新工位去。

怀特黑德当然以为这种方式能够解决研发的问题。事实并非如此，即便换成其他管理者，这种方式也无法奏效。由于组织设计的实质和流程太过复杂，影响重大，怀特黑德之后也领会到，不能以这样一种武断的方式处理组织设计。（注：在进行重组后，Technicon 数年内几经易手，如今为拜耳诊断产品有限公司。）

在本章中，我们会以第 2 章提出的概念化模型为基础，继续探索组织设计的关键概念，研究一些管理者必须做出的、艰难的组织设计决策。我们关注设计在一般组织模型中所扮演的角色，定义设计的基本要素，并解决不同情形下所对应的最合理的设计形式问题。

组织设计与一致性模型

假设公司已经有了明确的愿景和战略，那么对于负责实施战略的管理者而言，首先要面对的问题是什么？一般来说，管理者应该提出以下几个基本问题：

1）在新战略下，组织的核心工作需要发生哪些变化？如何调整任务？是否会有新的约束条件、资源、流程或技术？

2）组织中的人员是否具备相应的技能、兴趣、性格特质和能力，能够以符合战略的方式完成所需工作？

3）构成正式组织安排的明确的结构和流程将如何影响新的工作要求？

4）与文化或非正式组织相关联的价值观、信念、行为模式、领导风格，是否可能有利于新工作？还是可能阻碍开展新工作？

在实践中，一旦定义了工作需求，管理者倾向于认为，正式的组织安排是实施变革最显而易见的工具。为什么？首先，结构性安排比改变个人或集体行为更为容易。除非是在新组织中，否则一位新上任的管理者通常领导的是一群老员工。要改变这群人的态度、价值观、技术和能力，其可改变的幅度、速度都有限。同样，人员的调整或重新委派也会受到一定程度的限制。招募新人既费时又有风险。此外，空降外部人士填充重要职位，也会破坏组织与员工之间的心理契约，或者说破坏了员工对职业发展和工作保障的隐性认知。即使是在最好的情况下，对组织构成进行重大变革也需要大量时间。

非正式组织的根本性变革甚至更加复杂和耗时。一种组织文化需要多年的时间来培养。并且，一种组织文化发展得越充分，它就越抵制变革，毕竟，文化所吸引和培养的组织成员织就了一张共享价值观和信念的紧密网络。第10章和第11章将表明，改变文化说起来容易做起来难。

管理人员倾心于正式组织安排的第二个原因在于，作为变革工具，改变组织结构和流程就可以直接改变活动、行为和绩效的模式。实际上，正式的组织安排可以直接或间接地深刻影响其他组件。例如，随着时间的推移，正式的职位描述、招聘流程和培训计划可以显著影响人们执行各种任务的能力。组织结构、核心顾问团队的人员构成，以及绩效评估的设计和奖励制度,都会极大地影响人们如何看待和执行工作。

组织安排主要通过三种方式影响员工的绩效:

1)组织安排可以激励行为。通过定义工作、制定目标和开发评价标准、使用奖励制度,可以引导和激励员工按照特定的方式行事。

2)组织安排可以促进行为。一旦某人以某种方式行事而得到激励,组织安排就能起到帮助其维持这一行为的作用。通过提供方法和程序,将需要互相沟通的人们联系起来,同时提供必要的信息,正式的组织可以帮助人员完成任务。

3)组织安排可以约束行为。通过限制信息,制定正式的程序,分离某些团队或单元,正式的组织可以限制人们的行为,阻碍人们在重大事情上花费时间和精力。

总而言之,激励、促进和约束提供了影响个人行为的有力工具。若管理者经过深思熟虑,系统性地使用这三种方式,再结合正式安排对非正式文化的影响,便拥有巨大的变革机会。

定义基本术语

在开始更详细的设计讨论之前,我们先澄清一些基本术语。

在我们的一致性模型中,术语"正式的组织安排"包括组织的显性和相对稳定的方面,这可以分为三大类。第一类涉及结构,即分组和个人之间关系的正式模式。比如,将所有销售人员分到单一部门是一种组织结构,每位销售经理与负责销售的副总裁之间的汇报关系也是一种组织结构安排。

第二类涉及流程,即明确定义的一系列步骤、活动或运营方法。例如,制造可以有一个流程或一系列流程;完成订单是一个业务流程,涉及一系列活动,包括入库、分发、接订单、开具账单和配送。

第三类由被称为"系统"的正式结构组成，是指能够使工作得以开展的物理或社会技术的应用。例如，人力资源系统涉及具体的政策和做法，直接影响工作如何完成以及由谁完成；信息系统采用各种技术来处理各类信息，并将信息传递给相应的人员和工作单元。

一致性模型强调，在任何组织中，都同时存在正式的和非正式的结构和流程。不过，如前所述，正式的结构、流程和系统更易于直接操控。

在这一背景下，我们对组织设计的定义如下：组织设计涉及对正式组织安排进行布局的决策，包括构成组织的正式结构、流程和系统。组织设计者的目标是开发和实施一套正式的组织安排，随着时间的推移，使得组织的所有组件——战略、工作、人员、非正式组织和正式组织安排之间达到一致或良好的契合。

虽然结构、流程和系统的概念有助于定义组织设计，但是在做出实际的设计决策方面却并非如此。决策具体包括什么？要理出一个包含所有可能要素的清单很难，不过，表3-1列出了管理人员在做决策时经常需要考虑到的设计要点（结构和流程）。

表3-1 组织设计包括哪些内容

1	1）组织各个单元的构成	**战略层面的组织设计**
	2）各个单元间的汇报关系	
	3）单元之间的其他结构性连接	
	4）用于整个组织的信息、评估和控制系统	
	5）整个组织通用的方法和程序	
	6）整个组织内使用的工作技术	
2	7）子单元所需的工作资源（工具、材料）	**运营层面的组织设计**
	8）子单元奖励制度	
	9）子单元物理上的工作环境	
	10）个人的工作设计	

当我们提到组织设计时，实际上，我们所谈论的就是管理者所做出

有关设计要素的本质、形态、内容和特征的决策，表 3-1 列出了这些要素。在某种程度上，管理人员总是在做出设计决策。每分配一项特定工作、创建一个流程、改变一种方法或变动一项工作，组织设计就在发生变化。这并不一定是坏事情。事实上，任何管理者都需要对组织进行不断的微调。我们可以把管理者想象成一艘船的船长，将设计流程的组件看作船帆、帆索和舵，视为引导航向和调整速度的工具。有了这些导航工具，无论船长还是管理者，都能对航线进行细微的调整或大幅度的改变。当然，有时候航线势必要进行重大调整。若风向转变，水流变化，或有另一艘船出现，有关如何配置这艘船都可能需要一次大变，类似的，管理者经常需要在正式组织中进行重大变革，并且必须高度关注有关组织设计的决策。

何时需要再设计

对于何时需要进行重大再设计，一致性模型提供了清晰阐释。简单来说，若正式组织安排和其他组件之间出现了不一致的问题，且具有实质性影响，那么管理者就该认真考虑进行重大的再设计。如果有可能的话，更能为公司带来收益的方法，是通过分析任何即将发生的变化对组织一致性产生的可能影响，利用模型来预测再设计的需求。在以下几种典型情况中，便需要进行重大再设计：

战略转型。战略变革可能是由环境因素（如行业竞争、法规或新技术出现）、资源变化或组织绩效问题所引发。这些变化可能需要重新定义业务、市场、所提供的产品及服务或组织竞争基础。这些转变要求组织中的个体改变能力的方向，并以不同的方式应用资源。因此，管理者为确保工作与新战略一致，可对组织进行再设计。

比如在第 1 章中介绍的 BOC 工业气体公司。在过去，客户需求可以完全由本地供应商满足，所以，BOC更聚集在本地业务上，但由于全球市场的发展，这种做法过时了。再加上信息技术的发展，竞争对手无论在何地运营，几乎都可以立即利用创新成果。结果，BOC进行战略转向，而这便要求组织有不受地理边界限制的新结构。

对核心工作的重新定义。如果组织的核心工作发生变化，可能就需要进行重新定义。有些情况下是由于战略改变，有些情况下是由于新技术出现、成本、质量或资源可用性发生变化，工作发生改变。在办公系统中引入新技术便是典型例子。信息数字化不仅改变了人们执行个人任务的方式，也改变了信息处理之间的关系。例如，计算机网络配置在建立或消除个人和团队之间的边界方面起着重要作用。为共享工作而消除时间和地理限制就在决定组织结构和流程方面起到了重要作用。

文化/政治变革。部分再设计的具体目的是为了重塑非正式组织。如前所述，在有些情况下，改变正式组织是影响非正式运营环境的最有效方式。

20世纪80年代，美国汽车制造商曾投入数十亿美元购买最先进的技术，最后才认识到，日本竞争对手之所以成功，主要原因其实是日本工人的责任感和对质量的坚持，而非昂贵的喷漆机器人和送货车。不过，为了改变工厂文化，汽车制造商们决定从改变工厂开始。因此，制造商开始设计新工厂，改建旧工厂，目的就是要创建一个全新的环境，实现员工深度参与，共同解决问题，进行团队合作，致力于生产高质量产品。这些工厂在典型的制造业组织结构设计上都做出了实质性改变，几乎每个项目都有着更为扁平的层级、更宽的管理幅度，且员工参与正规化的新结构。

扩展。组织规模或业务范围的扩展也会引起再设计。若组织规模相对较小，大多数人互相认识，人际关系的性质是面对面的、私人的，那么许多激励、促进和约束行为的机制可以是非正式的。没有必要投入时间和力气去创建正式的组织安排。然而，随着组织（或组织一部分）的发展，这些非正式安排可能会不堪其重甚至崩溃。随着实施新任务和战略（这是增长必然会带来的内容），正式的组织安排可能不再与组织的其他部分保持一致。

人员变动。由于有效的组织安排是以人为本的设计，那么无论是整个组织出现大规模人员变动，还是少数关键岗位有所变化，都需要重新考虑组织设计。最生动的例子，便是管理者继任的流程。当一位新管理者和一群新面孔来领导一个组织时，那些曾经适合上一个团队的需求、技能、天赋和能力的安排可能不再有效。同样，员工队伍自身若出现重大变化，如他们的需求、偏好、技能水平、教育和价值观发生改变时，也可能需要进行大规模的再设计。

不再有效的组织设计。目前所提到的例子，大多是组织在正常成长、演变和成熟过程中遇到的情况。有时，由于组织的契合度差而在业绩上逐渐出现问题，也有必要进行再设计。下列情况通常与组织设计的相关问题有联系：

缺少协作——个人或团队无法完成跨业务单元的项目，工作单元不清楚自身职责，一些团队似乎孤悬于组织之中，与组织的其他部分无法同步。

过度冲突——内部团队之间的关系经常出现不必要的摩擦。

角色模糊——个人或团队不清楚自身的目标，也不清楚自己与他人工作的职责范围。一些职能可能会重叠，或者一些工作落入单元间的"灰色地带"无人负责。当出现角色模糊时，决策可能要花费很长时间，导致耗费精力，并且效率低下。

资源使用不当——有需求的人却得不到资源。专业化的单元职能或个人技能可能得不到充分利用。

有缺陷的工作流程——存在种种干扰和烦琐的流程，阻碍着工作在整个组织中进行高效的流动。

迟缓的响应能力——对环境的变化、新的市场需求或产品特性，组织不能快速或适当地做出反应。

组织外的单元激增——组织过度依赖工作小组、委员会和特殊项目团队来应对每一个新近出现的重大挑战。这可能表明基本的组织设计不够充分，或者至少，组织成员普遍认为基本设计存在缺陷。

这些情况虽然可能反映了由不同原因引起的一系列问题，但往往表明组织设计中存在着根本性问题，管理者至少有必要考虑再设计。如果征兆似乎都显示需要进行再设计，那么管理者便需要收集相关数据以核实真正的原因。在第 9 章中，凯泽永久医疗集团在对北加州大区组织结构的再设计中，花费了大量时间确定组织为何未能实现战略目标，组织设计中的哪些方面阻碍了成功。

设计决策的类型

一旦组织确定了需要进行再设计，重要的是，参与决策流程的每个人都要清楚，组织会在不同时间、由不同人、使用不同标准做出各种类型的设计决策。通常情况下，管理者们倾向于优先关注为数不多的组织上层的结构与关系，回过头来再考虑其他部分。

在实践中，有两种基本的设计决策方法。第一种类型是自上而下，几乎将注意力完全关注于组织的最高层，着重于高管团队的构成和汇报关系。无论这些决策制定得多么好或多么系统，由于忽略了组织的很多方面，这些项目不足以达成目标。虽然高层可能会有变化或有新方向，但组织的其他部分仍在用原有结构和旧有流程从事过去的工作。其结局屡见不鲜：高层的调整接二连三，但对组织其他部分的影响微乎其微。

第二种方法是着眼于组织制造的产品或提供服务的最基本工作，并自下而上地进行再设计。许多工作设计理论家提倡采用这种方法,在组织内部的员工团队中也广泛使用这种方法。定义工作,围绕工作建立岗位和工作流程,并创建监督类工作和辅助型岗位,以促进工作流程。然后将这些内容归到工作单元和工作团队中。在整个组织中进行设计时,这一流程会不断重复。

但自下而上的方法通常会出现一些问题。首先,当自下而上的设计到达组织的顶层时,必然会出现不匹配。如二者发生冲突,自上而下的方式通常会胜出。因此,一些技术上的优秀设计要么从未得到实施,要么落入无法获得实施机会的不利境地。其次,由于自下而上的设计缺乏战略视角,人们只会更加有效地执行错误的工作。

我们的经验表明,单独采取其中任意一种方法都不足够。组织设计需要两种方式来完成,通过自上而下的设计来实施战略,然后在这种设计的背景下,通过自下而上的设计改进基本的工作流程,为个人创造有意义和有动力的工作。

一种思考方式,是确定设计决策的两种基本类型,这些设计决策由不同的人在不同时间点根据不同的标准做出(见表 3-2)。战略组织设计由战略驱动,并提供了决定组织如何实现其战略目标的基本体系结构。在这个总体框架中,工作、工作单元和运营流程的详细运营设计受诸如成本、质量、上市时间和员工参与等因素的影响。从这个意义上说,运营设计也可以看作微观层面设计,我们将在第 8 章中详细讨论这一点。简单来说,有三种基本的微观层面设计方法。第一种是科学管理的传统方法:将任务分解成最小的部分,尽可能狭义地定义工作,然后施加严格的结构和管理控制。第二种方法是流程设计,也就是近年来大受欢迎的"流程再造"。这种方法强调设计工作流程,即相关活动的序列,这些流程将共同为客户创造有价值的产品或服务,并非传统地强调配置工作和岗位。第三种方法,即高绩效工作系统(HPWS),融合了流程设计的新思维,以及在自主管理团队有巨大潜力方面所出现的新观点,在这类团队中,成员共同分担多种责任。在第8章中,我们将仔细解释,在康宁最高效、最赚钱的制造工厂中,如何具体使用这种微观层面设计。

表3-2 战略组织设计与运营设计

	战 略	运 营
决策类型	组织的基本架构/形态	管理和运营流程、工作流程、工作岗位、评估
组织的哪些部分	高管团队第2~4层	如有必要则涉及所有层级
方向	自上而下	自下而上
由什么主导	战略	运营问题(成本/质量/时间)

组织设计应在组织内的多个层级上展开(见图3-2),这是重点。战略性设计是自上而下,为整个组织建立一个框架。运营设计是自下而上,丰富组织内每个子单元的基本细节。理想情况下,运营设计应该源自整体战略性设计,并与之保持一致。

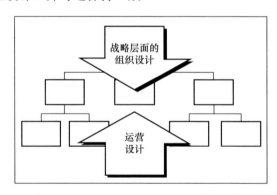

图3-2 "由上而下"和"由下而上"设计

回顾Technicon

我们再回到Technicon研发部。约翰·怀特黑德和新副手宣布了一项重组决定,包括减少部门负责人,提高项目经理地位,修改激励政策,更注重奖励适销对路的产品开发(见图3-3)。

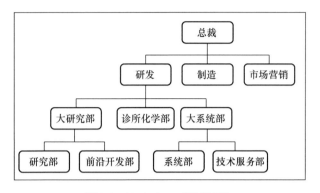

图 3-3 Technicon（重组后）

结果呢？公司被搞得乌烟瘴气。

有权力的部门负责人被完全排除在再设计流程之外，他们大发雷霆，想方设法阻挠设计的进行。管理者原本期待整个研发部的人员会变得更加团结、以团队为导向，而实际上却没有任何改变氛围的努力，也没有人培训解决冲突或进行团队合作的基本技能。研发部与公司其他单元间的关系以及研发部内部的关系不断恶化，使得研发部原本就很糟糕的业绩更是一落千丈。由于变革遭到持续抵制，新来的副手非常沮丧，不到 9 个月便辞职。此后不久，公司被迫出售。

到底是哪里出了错？表面上看，把研发部人员当作家人的怀特黑德似乎在部门高管这一层级上做出了正确的结构调整。但怀特黑德事后回顾时，承认其在两个方面犯了严重错误。首先，他的再设计只涉及组织的两个组件：工作和正式安排。怀特黑德完全忽视了政治、权力关系、部门负责人的传统角色、各学科之间专业关系等非正式的文化问题。他期望人们开始以全新的方式行动，却没有帮助人们获得新技能或改变态度。其次，在事态紧急的情况下，怀特黑德犯了一个经典错误：在没有关键人员参与的情况下，闭门造车进行再设计。所以，人们的回应方式也相当经典：关键人员感到无力、被剥夺了权力，便以消极攻击的行为进行反击，通过拒绝配合，导致再设计失败。

在本章中，我们提供了一些与组织设计相关的基本观点、概念和定义。我们已经将设计与组织绩效的一般模型联系起来，并讨论了组织设计的定义中包含什么。我们已经确定了可能需要进行重大再设计的情况，以及可能表明设计出现问题的症状。最后，我们提出设计决策的两种一般类型——战略层面的组织设计和运营层面的组织设计。

于是，我们面临两个方向的问题。而在本书中，我们的主要关注点从现在开始变成了战略性设计。我们并非认为运营设计不重要，这确实是设计的一个关键方面。在继续战略性设计的讨论中，我们将经常提到相关的运营设计问题，并探索如何将二者联系起来。

尽管如此，我们依然将重点放在如何做出战略层面有效的设计决策上。一个常见的方法当然是反复试错。在实践中，管理者通过实施不同的设计并观察效果，对不同的设计进行测试。这种方法代价高昂、有风险且完全不必要。如果我们对组织和设计有足够的了解，就可以在部分设计方案上用功，放弃显然不合适或只是略微有效的设计。我们甚至可以在实施之前便对设计做出评判并比较其影响。

为此，我们需要一些工具，这将在接下来的三个章节中阐释。在第4章中，将讨论考虑设计决策的一个更具体的模型。在第5章和第6章中，研究了战略层面组织设计中的一些关键决策，并讨论了管理者可用的一些选项。

第4章 组织设计的关键问题

HTP：当组织各部分不再契合时

有一家名为 HTP 的公司，一直以来都在电子产品产业中领跑。公司的领军地位植根于产品创新之上。通过在研发和技术方面的明智投资，HTP 以创新为人称道，长期以来，公司的产品被公认为行业标杆。事实上，多年以来，HTP 在基础技术（某些技术受到专利保护）方面持续发展并保持着重要的领先地位，甚至仅凭一页产品公告就能销售新产品。很多客户愿意为 HTP 的产品等上几个月，也愿意支付额外费用，只因为其产品出类拔萃。

虽然公司业务逐渐多元化发展，但由执行副总裁山姆·塔克（Sam Tucker）领导的高端产品业务群（见图 4-1）仍然是公司业务的核心。有五位副总裁负责向塔克汇报，每位副总裁领导一个主要部门：

研究部：负责与 HTP 产品线相关的电子学和其他学科的基础研究。

产品开发与工程部：在条件许可的情况下，将研究部门的工作成果开发成可以投产的产品，开发现有产品的新应用和新功能。

制造部：负责生产，包括前期生产、工程、采购和销售。

市场营销与销售部：负责销售 HTP 产品，主要由一个熟知技术的小型直销团队负责。

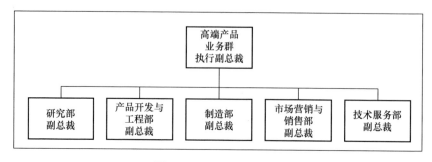

图4-1 HTP组织架构图

技术服务部：负责安装、维护和提供一些有限的现场客户支持。

但在过去五年里，特别是最近两年，HTP遇到了困难。随着一些产品线的成熟，HTP失去了很多竞争优势。新的竞争者崭露头角，其中包括一些特别强劲的国外竞争者。在一些变化速度特别快的产品领域中，HTP发现自己所处的位置不复从前，已经不再是领导者，反而泯然于众，甚至落后于人。

客户有了能满足更高期望的新选择后，要求也越来越多。客户想要更多的产品支持，对缓慢的交付流程感到不耐烦，若竞争对手以更低的价格提供类似的产品，客户就不大愿意为HTP的设备支付溢价。此外，客户对HTP相关产品质量低劣的投诉越来越多。总的来说，客户越来越明确自身需求，对自身期望也愈加坚定。结果，HTP被迫开发特殊的功能、配置和安装包来满足特定的客户需求，这与此前的情形完全不同，那时客户愿意接受公司提供的任何服务，并能耐心地等待数月。

对团队面临的一系列问题，山姆·塔克越发担忧起来。塔克才就职不久，因此花了几个月来了解市场和审视内部运营。他的分析结果令人不寒而栗。

高端产品业务在开发和推出产品时遇到了重大问题。混乱不堪已经是常态。就在最近，市场营销与销售部已然为营销一款新产品轰轰烈烈地造势了，尽管事实上制造部门还需要至少半年才能批量生产。

塔克还认识到各部门之间潜在的激烈冲突。市场营销与销售人员不断抱怨公司缺乏好的产品，埋怨产品开发与工程部拒绝就竞争态势、客户需求或生产排期和发货等问题进行沟通。制造部抱怨市场营销与销售部的期望不切实际。产品开发与工程部的人认为，如果听从市场营销与销售部的意见，并在竞争对手推出每一项低成本创新时"照猫画虎"，HTP技术领先的地位和声誉将继续遭到损害。与此同时，技术服务部抱怨现场出现机器故障的情况越来越多。最后，塔克去了研究部门总部，在那里听取了有关技术人员和科学家流动率不断增长的报告，因为他们的创新很少有机会转化为产品，技术人员和科学家都备感沮丧。

在思考了公司过去一年发生的事情之后，塔克惊讶地发现，公司在市场上的表现还要糟糕得多。他想，也许是时候对这个组织进行重组了，要从头开始重新设计。塔克觉得，公司基本面的要素都在，技术先进，人员很优秀，品牌声誉还在，产品策略从根本上来说也很好。虽然公司的基本要素都状态良好，但出于某种原因，这些要素就是无法契合。

引言

山姆·塔克逐渐认识到，自己可能面临着一些涉及组织设计的关键问题。虽然塔克似乎拥有熟练的人员和有效战略的基本要素，但有些方面出现了严重问题，其症状都指向了设计。曾经很契合的设置安排不知何故不再一致了。

塔克的主要任务是找出哪个要素或者哪些要素不再像过去那样契合。为此，他需要的不仅是一致性和组织系统的一般概念，还需要工具的帮助，以衡量各种设计方案在执行不同类型的工作时的相对有效性。

塔克需要帮助，既要诊断出当前组织的缺点，也要开发出新的设计来解决问题。

在本章中，我们通过一种系统性方法，来理解山姆·塔克等数千名高管和管理者所面临的组织设计决策类型。首先，我们描述了与设计决策的各种方法相关的背景知识，其次，我们介绍了在本书其余章节所应用的特定模型。

设计决策的方法

几个世纪以来，无论是军队、教会、政府、商业团体，还是其他任何组织的领导者，都在不断寻求以最理想的方法架构其所在组织的模型，用来指导他们做出的组织决策。但直到近一个世纪以来，人们才对此投入大量的研究，产出了一些设计组织的通用规则。

在19世纪末和20世纪初，组织管理方面的大多数作者都在寻找一套通用的设计原则。他们在寻找组织架构的"最佳方式"。这些人开发了由一系列规则组成的模型，诸如，认为理想的管理幅度是有6个下属。这时常见的偏见会认为，只有组织有着高度正式和理性的流程、规则和方法时，它才会工作得更好。工作内容应该保持简单，这样员工就可以相互取代；决策由组织的高层做出，而底层的员工就应自动执行这些决策。

这些管理原则的作者关注的是组织的正式方面，他们的底层逻辑是机械论。如果可以设计并精准生产出合适的工作部件，那么机器就能工作。从我们的一致性视角出发，这些作者几乎是一心一意地关注工作与正式安排之间的契合度，希望找出普适性的公式，用于设计可以执行任何任务的组织。

从20世纪40年代末到60年代，第二种方法开始流行起来。这一观点对古典管理理论家的观点提出了恰当的批评，认为这些理论家没有考虑到我们所说的组织生活中的个人和文化要素。这一时期的理论家主张创建一个不那么正式的组织，在这个组织中，决策权广为分享，沟通和信息自由流动，组织底层的员工对工作方式有着重大的发言权。这些新兴的理论家与其前辈相似，都认为自己的方法具有普适性，在任何情形中，这些理论家都认为要采用自己心目中的"最佳方法"进行组织。

第三种方法出现于20世纪60年代，一直流行到70年代。这种方法源于对组织的设计和有效性之间是否存在现实关系的实证研究。研究人员确实发现了这种关系，但其模式与之前两种方法所提出的模式明显不同。他们的研究表明，不同的情况需要不同的设计形式。研究人员认为，设计决策取决于跟随情况而变的各种因素，而非需要通用的设计方法。这一观点被称为"权变理论"，与以往寻找万能模型的尝试有了明显区别。

尽管如此，这些研究人员多年来一直在努力寻找一套规则，以帮助管理者确定在特定情况下使用哪种设计。他们尝试了各种方法。一些研究表明，最有效的设计类型取决于其所涉及的技术。其他研究人员则从环境入手，还有一些人关注具体的工作流程。

而后，在20世纪70年代早期，设计理论家杰伊·加尔布雷斯提出了一个概念，整合了许多不同的权变方法。他提出，如果把组织看作信息处理系统，即将信息传递给人们，使他们能够完成自己的工作和任务的机制，那么就有可能制定一些通用规则来思考设计中的权变性。虽然关于设计的争论还在继续，研究也一直在继续，但已经证明这个信息处理理论有助于做出符合现实的设计决策。该理论在学术界和管理界都获得了相当大的认可，是我们在本书中所用设计模型的基础。

组织设计模型

我们先来考虑，一个有效的组织设计到底想要实现什么目的。

首先，组织设计要创造规模效益。通过将执行相似工作的个人或团队集合在一起，超越效率低下的"家庭手工作坊"式的组织结构，从而创造价值。对相似工作进行集中在一起的经济效益和优势，来自于专业化、共享支持性工作和利用共享资源的杠杆作用。

第二，组织设计要塑造行为。包括工作设计以及完成工作的正式安排，将个人的注意力聚焦在特定的任务上，对其绩效进行激励，为其完成工作进行赋能和授权，限制可能出现的适得其反的行为。

对现代组织来说最为重要的是，组织设计塑造了信息处理的模式。从某种意义上说，信息处理已经成为任何组织中单一功能最为重要的那项。在一些大公司里，只有不到 10%的员工能真正接触到从工厂生产出来的产品，或者能直接与客户打交道。只有一样事物，是每个人都需要、每个人都使用、每个人在日常工作中都消耗或产生的，那就是关于市场、资源、产出、行为、程序、流程和绩效的信息。任何特定的组织安排模式都会以特定的方式收集、传递和传播信息。那么，设计的关键便是在组织中构建与其工作的信息处理需求最为匹配的信息处理模式。我们可以从模型底层的三个基本命题出发来思考这个问题。

1. 不同的任务会引发不同的信息处理要求。不同类型的工作需要不同的信息流动模式。让我们回到 HTP 公司，看看两种不同的情况（见图 4-2）。

场景一描述了 HTP 以往采取的战略和工作情况。在竞争、客户和技术发生变化之前，高端产品业务群在 HTP 的工作相对简单。整个团队负责开发技术先进和创新的产品，再生产产品，销售给客户。在这种情况下，研究部的工作重点是基础研究。若研究部发现一些有潜在应用价值的事物，便转给了产品开发与工程部，产品开发与工程部接着把技术转化为产品，然后转给制造部，制造部设法生产出产品。一旦产品投入生产，市场营销与销售部就会把产品推广给客户。销售完成后，技术服务部会在现场提供支持。

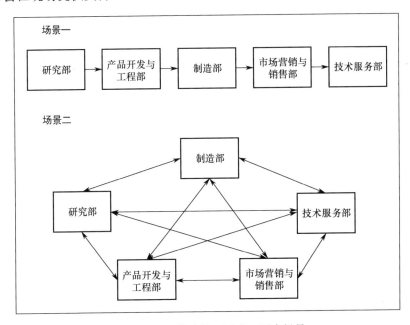

图 4-2　HTP 信息处理要求：两大场景

在图 4-2 中，场景一展示了传统工作需求所需的相当简单的信息流。例如，产品开发与工程部一旦收到有关新技术的信息，并没有必要与研究部就该技术进行进一步沟通。类似的，产品开发与工程部一旦把产品移交给制造部，产品开发就完成了。这种工作需要的信息流，只是从一个部门交到另一个部门，在某种意义上，信息就像是在灭火过程中排成一队的人们传来传去的那只水桶。

再来看图 4-2 中的场景二。在高端产品业务群面临新的竞争态势下，这一场景描述的是满足了竞争要求的理想信息流。由于竞争加剧，公司的技术领先地位丧失，以及新的客户需求的出现，产品开发与工程部、制造部和市场营销与销售部的工作必须改变。产品开发与工程部不应待在舒适的真空区里继续开发产品，而要与市场营销与销售部密切接触，了解不断变化的客户需求。产品开发与工程部还需要知道竞争对手提供的产品和服务以及价格，如此便可以与制造部合作，看产品是否能以合理的成本生产。产品开发与工程部还需要技术服务部提供关于产品在现场的表现、客户的问题和担忧等信息。

动态的市场意味着内部信息的交换必须持续进行。随着竞争对手不断推出新产品、降低价格、缩短交货时间，竞争压力上升，高端产品业务群的各个部门必须交换更多的信息，速度比以往任何时候都更快。显然，工作需求的变化深刻地改变了信息处理所需的速度和模式。这是因为新工作与旧工作在三个重要方面有所不同：

- **可预测性。**之前，HTP 主导客户需求，容易预测客户对新产品的反应。实际上，HTP 熟知整个市场。现在，这一切都变了。出人意料的新发展接踵而至，HTP 需要有更快地收集和处理新信息的能力。

- **聚焦于外部环境。**HTP 控制市场和技术的时候，外部世界发生的事情很少对 HTP 有重大影响。现在，有关竞争对手、产品、技术、分销模式和营销策略的信息绝对是至关重要的。

- **任务相互依存。**如前所述，在 HTP 控制市场并定期开发一些标准产品的时期，每个部门对其他部门的依赖性很少。但在新的环境下，这些部门突然间高度依赖彼此。产品开发与工程部要依靠市场营销与销售部获取竞争情报和客户信息，市场营销与销售部又依赖产品开发与工程部和制造部来调整产品特性和生产计划，确保技术服务部能够承诺具有竞争力的产品特性和交付时间。在许多方面，各部门发现自身的工作所需要的信息只能由其他部门来提供。

值得注意的是，不可预测性的增加、对外部环境关注的提升和相互依赖程度的提高，这三种变化往往会显著增加手头工作的不确定性程度。随着未来变得不那么清晰，人们更需要将信息更快地提供给需要的人。为了协调工作和做出必要的调整，交换信息比以往任何时候都更加重要。这些都表明，不同类型的工作以及工作中的变化，可以呈现出非常不同的信息处理需求。

2. 不同的组织设计提供不同类型的信息处理能力。正式的组织架构和流程会以各种方式促进信息的流动。组织设计的三个要素在决定信息如何流动方面起着主要作用。

- 分组 需要管理者将工作的功能、岗位和个人集合到工作单元中。若所创造的结构包含工作单元、部门、分部、业务群甚至更大的控股公司中的整个子公司时，就需要分组。分组会以明确的方式将一些工作（从而使人们）分到同一个业务单元，同样，其也以隐含的方式将部分工作（及其相关人员）同其他工作分开。从这一角度看，分组是一把双刃剑。一方面，通过形成一种共同语言、共同目标甚至是对世界的共同看法，分组便利了团队内的信息流动。这一小组成为更大的组织中可以辨识的亚文化，在其内部信息的共享和处理变得更容易。但是，分组形成的边界不可避免地会成为障碍，使得在团队之外共享信息变得更加困难，并经常产生冲突性的竞争关系，业务群之间缺乏合作。在 HTP 的例子中，分部结构反映出的基本分组，导致处理场景二中的信息共享需求变得困难。

- 结构化连接 描述了被结构化边界隔开的分组之间的正式关系。连接分组的最常见方式是通过层级结构，例如，有两个业务群向同一位管理者汇报，从而成为更大、更高级别业务群中的两个业务单元。但还有很多连接方法，如跨单元业务群、整合者、规划团队（在第 6 章会详细描述这些方法）。重点在于，结构化连接的创建允许信息在不同的分组间流动，这样，就为组织从整体上配置其信息处理能力提供了众多的方式。例如，如果 HTP 想在高端产品业务群内创建新的团队，每个团队致力于开发和营销不同的产品，并负责协调业务群内五个部门，那么，组织处理信息的能力将发生巨大变化。

- **系统和流程** 管理者在完成分组和结构化连接后，就要设计"系统和流程"，以支持各分组间的信息流动。系统和流程包括从信息、控制、奖励系统到正式流程和会议。例如，在 HTP 中，设计的项目审查流程或会议，以及特殊加急的产品规划和开发流程，都可以增强信息的流动。

关键在于，每一个分组、连接、流程和系统的组合，产生的组织设计具有与过往显著不同的信息处理能力。

3. 当组织架构的信息处理能力与工作的信息处理要求相契合时，组织的效率最高。 最后的这个主张是制定设计决策的关键。在其他条件相同的情况下，当设计满足待办工作的信息处理需求时，组织的运转会更高效。我们不妨回到第 2 章中所描述的大型组织模型，从组织模型的背景看上述内容。规模效益、所需行为，以及最重要的信息处理，这些可以称为设计标准，是我们的设计必须满足的需求。分组、连接、流程和系统等正式的组织安排，代表了组织在特定时间、特定的组织设计条件下，满足这些要求的能力。设计能力与需求的匹配程度决定了契合度。显然，设计标准与设计能力，或者说工作与正式组织安排，二者之间的契合度越高，组织的效率就越高。

在最根本的层面上，这一组织设计模型为组织设计决策提供了一些大致的方向。

第一步是分析实施战略所必须完成的工作，以确定其带来的特定的信息处理需求。第二步是构建一个满足这些需求的组织设计方案。因此，组织设计总会涉及关于分组、连接、流程和系统的决策。

回顾 HTP

如果塔克使用我们刚才讨论的概念审视 HTP 所处的情境，就会发现工作性质的变化已经创造了新的、复杂的信息处理需求，而这一需求远远超出了现有组织结构的能力。由于这些要求为工作、战略和竞争环境所固有，塔克别无选择，必须改变组织的基本设计，以便组织能够保障重要信息在恰当的个人和团队之间流动。

塔克可能考虑过以两种方式改变组织（见图 4-3）。首先，他可以保留组织中当前的业务群设置（产品开发与工程部、技术服务部等），但要创建更有效的机制来协调和连接跨越业务群界限的活动。这可以通过结构化连接与管理/运营流程的结合来实现。其次，塔克可以考虑重新配置组织内基本的业务分组，这些可能是基于产品的或市场的、更小的业务

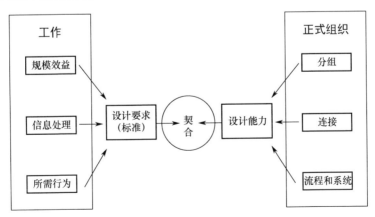

图 4-3 信息处理模型

单元。他也可以将这种方法与现有的组织结构结合起来。然而，在做出选择之前，塔克需要更多地了解备选方案的范围以及每种选择的相对优势和劣势。这些正是我们在本书的其余章节中要考虑的问题。

在本章中，我们介绍了一个用于制定设计决策的特定模型。我们追溯了设计理论的背景，并通过信息处理的视角，提出一种看待工作、组织设计以及二者之间关系的方式。我们从分析战略和工作开始，再到具体的设计决策，通过这一系列设计决策逐步实现模型应用。但是，我们要先看看，设计人员在决定分组、连接、流程和系统时，有哪些具体选项。

第5章

选择基本结构——战略分组

SMH 斯沃琪：在混乱中创造秩序

在 20 世纪 70 年代末，已经引领全球钟表产业一个多世纪的瑞士徘徊在崩溃边缘。

得益于石英、电池、微电子和数字计时器等新技术，日本、中国香港和美国的低成本制造厂商能够以低于瑞士竞争对手的价格，夺取中低端市场的控制权。1983 年，瑞士钟表产业的两大巨头瑞士钟表业联合会（SSIH）和瑞士钟表联合总会（AUSAG）濒临破产，瑞士银行家们接管了这两家公司，合并为 SMH 公司，并就如何拯救 SMH 一事邀请尼古拉斯·哈耶克（Nicholas Hayek）担任顾问。哈耶克是黎巴嫩移民，也是瑞士一家领先咨询公司的创始人，他接受了邀请。两年后，银行家们劝说他购买 SMH 的控股权，成为 SMH 的 CEO。

哈耶克接手的这家公司拥有 100 多个不同品牌，包括欧米茄（Omega）、浪琴（Longines）、雷达（Rado）、天梭（Tissot）和汉密尔顿（Hamilton），每个品牌都有自己的研发、制造和营销业务。哈耶克后来说："这太不可思议了。"

哈耶克上任后立即将目标设定为赢回大众手表市场。为了使极富创新性、价格低廉的斯沃琪手表成为世界上最受欢迎的手表之一，SMH 组织了声势浩大的营销活动，并围绕着这一目标制定战略。他宣布了一个惊人的目标：10 年内，世界上 10%的人将佩戴斯沃琪手表。此外，这些手表将在瑞士生产，尽管瑞士有着全球劳动力成本最高的坏名声。

在制定了全面的增长战略和清晰的产品线之后，哈耶克需要重新设计 SMH 斯沃琪混乱的组织结构，将其变为一个全新的组织，恢复瑞士钟表产业的市场领导地位。

尼古拉斯·哈耶克面临着组织设计中最基本的问题：产品繁杂，目标客户遍布世界各地，职能化运营包括研发、生产、制造、营销和销售，那么对公司活动分组的最有效方法是什么？是否应该按照研究、生产和营销等传统职能线对 SMH 进行重组？还是应该按产品线保持某种形式的分组？公司是应该围绕市场还是围绕地域来重组？或许也可以将这些分组再组合起来？

这些决定至关重要。组织设计的其他方面，诸如连接、流程、系统，以及涉及资源配置和人员分配的业务设计等，都有赖于上述决定。实际上，在任何设计场景下，选择都始于战略分组。在本章中，我们将描述分组的各种选择，探讨它们特定的优势和劣势，并解释战略分组与业务单元战略以及信息处理需求之间的关系。

我们需要铭记在心的是，分组虽然是组织设计的核心，但必须与随之而来的第二组有关连接机制的决策相匹配，以协调相互依存的各类活动。根据定义，分组既会把一些活动分开，又会把其他一些活动组合起来，所以，连接对于弥补组织结构上的缺口来说是必不可少的。因此，每一个分组决策都必须结合一整套相辅相成的连接，这是我们在第 6 章中应了解的重点。

第 5 章 选择基本结构——战略分组

引言

战略分组是设计过程中最重要的步骤。组织的基本框架取决于组织高层做出的分组决策，其他组织设计决策都在这一框架内做出。分组将一部分任务、职能或学科组合在一起，同时也将它们与组织的其他任务、职能或学科分开，本质上，分组集中了组织的精力。同一分组的人员可以更好地讨论、计划，并执行必要的任务。员工把精力投入到较少活动中，也会变得更加熟练和专业。由于分组影响着人们相互沟通的能力，也影响着组织的信息处理能力。在小组之内信息变得更容易处理，但组与组之间的信息处理变得更加困难。简言之，分组决策决定了组织将要做好什么，并淡化了其他工作的重要性。借助共有的指导、资源、系统提供基本协作，分组决策解释了具体成员要完成什么工作以及完成方式。

战略分组涉及两个相关的问题：①组织的基本形式是什么？②根据组织形式，组织组件的专业化或差异化程度如何？以 SMH 为例，尼古拉斯·哈耶克必须首先决定公司的基本分组应该是什么，即是按照职能、产品还是地域分组；其次决定每个业务单元的专业化程度。例如，无论是 40 美元的斯沃琪手表，还是 20 万美元的宝珀手表，都由营销单元负责吗？是应该制定全球营销战略，还是针对欧洲、美国和日本制定特殊的战略？还是应该由负责相应国家业务的管理者制定这些战略？

战略分组初始的选择——核心组织的形态——是组织或业务单元战略的直接产物。正如我们在本章后半部分所述，某些形式的分组更适合实现特定的战略。显然，管理层的任务是选择最适合的战略分组形式，以满足自身独特的战略需求。

虽然是由高级管理人员做出涉及企业整体形态的关键决策，但战略分组需要整个组织管理者协调一致的努力。因此，战略分组是任何参与组织设计决策的管理者面临的第一个问题。

战略分组：基本形式

无论在组织的哪个层级上进行分组，基本选项的范围都非常有限。组织的不同层级可以根据不同的标准进行分组。但实际上，只有三种基本的分组形式，可以对它们进行组合和调整，以带来创造性的变化。虽然这三种分组形式很少单独存在，但其准确地代表了可供选择的范围（见图 5-1）。

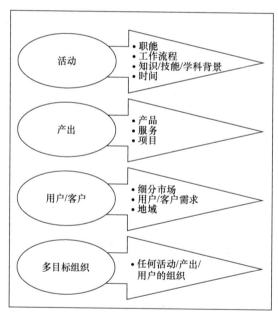

图 5-1　组织形式选择（分组选择）

1. 按照活动进行分组

可以将具有相似职能、学科背景、技能或工作流程的个人聚集在一起。例如，在传统的职能组织中，每个参与制造的人都分为一组，所有参与产品开发、营销和销售的人也各自分组（如图 2-1 所示的施乐公司组织结构图）。按活动分组也可以涉及学科背景。例如，一个研究实验室可能会把所有的化学家分到一个部门，而将所有的生物学家分到另一个部门。

按活动分组也适用于时间要素。最基本的应用体现为将 24 小时运营分为不同班次，每个班次各有主管负责。但也会涉及更复杂的情况，即不同的人根据不同的时间表工作。在 Technicon 的案例中，同一个研究实验室里，一些科学家被分到一个专门从事基础研究和长期项目的部门，而另一个单独的部门则专注于对创新进行快速测试和评估，以评价其潜在的市场潜力。

在以活动分组为特征的组织中，目标、职位的影响力、奖励和控制系统往往基于特定任务的表现，重点在于工作质量，而非销量或客户满意度评级。

2. 按产出分组

是根据员工提供的服务或产品进行组织。每个组内的人员执行各种任务，使用各种技能，并使用各种不同的流程，但都贡献于相同的最终产出。一个典型的例子是产品组织，以 AT&T 在 20 世纪 90 年代早期的结构为代表。在此期间，该公司的业务划分为通信服务业务群、通信产品业务群、计算机业务群和网络系统业务群（见图 5-2）。另一个例子是本章介绍的案例 SMH。在 1983 年，尼古拉斯·哈耶克接手 SMH 时，公司由超过 100 个品牌组成，每个品牌本质上都是一个半独立的业务单元，

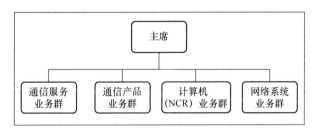

图 5-2　按产出分组（20 世纪 90 年代早期的 AT&T）

拥有自己的产品开发、制造和营销职能。

在以产出为中心的组织中，组织的主要目标聚焦在产品或服务上。与产出一致性相关的人在组织中有相当大的话语权，而产品、服务或项目的因素将决定奖励、晋升和控制。

3. 按照用户、客户或地域进行分组

将从事不同工作、生产不同产出但服务于相同客户的人员聚集在一起。

按市场或细分市场分组是解决同一问题的另一种方法。例如，电话公司传统上是根据所服务的客户是居民还是企业来架构经营活动的。另一个例子是按地域分组。如第 1 章介绍的 BOC 案例，工业气体集团实质上是由分布在不同国家的 15 个半自治运营单元合并而成。跨国公司划分为国内和国际集团的情况并不少见，每个集团又按地理区域细分（见图 5-3）。每个市场、用户或地域都要拥有必需的资源，生产满足其所定义市场的产品。按用户或客户对业务单元进行分组，使其聚焦于特定的"用户/市场/地域"。用户的目标得以强化，关注用户需求的人拥有主要影响，奖励和控制由用户的价值评价所主导。

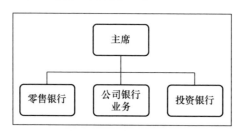

图 5-3　按客户分组（花旗）

传统组织通常采用单一的分组形式，或在不同级别上采取不同的分组形式。但是，随着竞争日益复杂，组织面临更多需求，单一分组模式无法满足。于是，混合分组和矩阵模式（即同时强调多个战略优先级的分组组合）越来越受欢迎。以 SMH 为例，用同一家工厂生产多个不同品牌的手表确实会带来规模效益；从制造的角度来看，集中化、职能化的分组似乎最有意义。但销售欧米茄或浪琴与销售斯沃琪大不相同，所以分散的产品组合可能最适合于营销、销售和分销。在 SMH 的全球运营中，每个国家的市场存在巨大差异，了解这些差异至关重要，因此也需要某种形式的地域分组。

这些矩阵型分组在大型企业中特别常见，在这一层面上，分组决策为整个组织提供了一个结构框架体系，设计决策通常涉及多个战略目标，某些情况下这些目标似乎相互矛盾。总部位于瑞士的全球工程巨头 ABB 的核心理念是"全球化思考，本地化行动"；在 20 世纪 90 年代早期，硅谷最成功的一个初创企业太阳微系统公司认为，业务单元应"松散耦合，极度一致"，并基于这一理念进行重组。我们将在第 7 章深入且详细地探讨这些问题。不过，为本章的讨论起见，我们需要指出，矩阵型组织模式在企业级别越来越受欢迎，且需求也越来越高。

分组方案：优势和劣势

在每种分组形式下，组织的关注点都不相同，所以每种分组都有各自的优势和劣势。虽然任何方案的有效性都与其所适用的具体情况密切相关，但一些常规的考虑有助于评估每一种分组形式的潜在影响。

1. 这种方案在多大程度上能使资源使用效率最大化？ 由于执行相同职能或活动的个人可以共享资源，发展专业能力，并形成大量关键的专业知识，按照活动和职能进行分组可以最大化地利用资源。如果降低生产成本是战略目标，职能分组具有明显的优势。虽然该分组也有其他缺点，但职能分组是通过集中性的大规模生产压缩成本的最简单方法。

另外，按产出、用户或地域分组不可避免地会造成资源不必要的重复使用。人员、设备和工作流程必须根据产品、市场或地点做出相应的安排。例如，在 SMH 这样的产品组织中，每个品牌都有自己的制造、营销和销售运营部门,每个品牌都在某种程度上复制了其他品牌平行部门的工作。

2. 分组如何影响专业化和规模经济? 按活动分组不仅为公司提供了规模化效益,也为专业人员获取专业化能力提供了重要途径。例如,将研究实验室中所有化学家分在一组,每个人都可以利用集体智慧,同时,可以在更广泛的学科领域内形成深度的专业化,例如,一些人专攻物理化学。由于在以活动为重点的领域中重复执行相同的职能,结合大量关键知识和基于活动的专业化可以增加规模经济。但是,如果一个职能分组过于庞大,导致增加繁文缛节、支持人员众多、组织惰性增加,这一分组就会因此而付出代价,那么规模经济的收益就会减少。

按产出或用户分组,会将资源分配到重点领域。专业化分工并非通过活动或学科,而是通过为特定的产品或细分市场工作。再以研究实验室为例,不是把化学家都分配到一个部门,而很可能是将他们分派到不同部门,就特定产品或项目与生物学家、工程师以及其他学科背景的人合作。与按活动分组的组织不同,按产出和用户进行分组的机构并没有体现规模经济,相反地,他们有限的资源被专门用于特定的产品和市场。

3. 分组形式如何影响绩效评估和控制问题? 按活动或职能分组,使得基于职能、学科背景和工作流程的设计评估和控制机制变得相对容易。例如,这位员工的化学程度有多好?那位员工的市场研究质量如何?从职能的角度来看,制造部门是否满足生产配额?

按照产出分组,还可以相对容易地监控工作的质量和数量。产品的开发和生产是否按照既定的时间表进行?产品是否符合特定的质量标准?销售人员是否达成了目标?按用户分组使得绩效评估和控制更加棘手,评价标准必须基于成功满足特定客户需求或市场需求的程度。从结果上看,按产出分组的组织不太在意较为传统的绩效评估和衡量产出的方法,而更需要根据独特的客户标准来进行评估。

4. 分组形式如何影响个人的发展和组织使用人力资源的能力？ 随着个人在一般职能或特定学科上成为专家，按照活动进行分组可以提高个人的专业辨识度，促进专业技能的发展。但鱼与熊掌不可兼得。随着专业化程度的提高，随之而来的风险在于个人很有可能产生更为狭窄的组织视角。例如，化学家倾向于与其他化学家抱团，而对整个研究实验室没有归属感，更别提整个公司了。随着认同感和归属感的下降，专业群体之间发生冲突的可能性也在增加。

另外，产出和用户分组减少了按学科进行专业化的机会，同时，个人会接触到整个组织范围内拥有其他学科背景的同事。好消息是，员工对一般的管理问题会更加敏感，但是，随着时间的推移，更具全球视野的员工可能会不注重学科内部的交往，导致技术落后。忠于特定品牌而非整个公司的发展，也可能是一把双刃剑。尽管员工可能会更关注特定产品的发展，但这可能会限制符合公司最佳利益的合作与协同。

5. 分组形式如何影响组织的最终产出？ 每一种形式都有自己的优势。职能分组是大规模生产以创造低成本产品的最有效方法；活动分组培育了专家群体和相对较广的高水准职能或学科背景领域；产出分组有助于在产品的开发和分销中整合各类职能和学科背景；按用户分组，组织可更加关注客户的需求，并有助于超越传统的职能边界。

6. 各种组织形式对重要竞争需求的响应如何？ 基于职能和活动的分组鼓励学科内或内部流程中的创新，但并不能特别适应市场需求。相比之下，基于产品和用户的分组对市场变化的响应要快得多，但无论是在职能流程还是在基础研究领域，对突破性创新的关注都较少。

显然，没有放之四海而皆准的理想化分组模式。每个战略分组方案都有各自的优缺点（见表 5-1）。从最广泛的意义上来说，基于活动的组织以整合为代价获取规模经济和卓越职能。活动分组形式往往在技术或职能上具有创新性，但对市场、用户和客户的响应较弱。基于产出和用户的组织牺牲了专业化，换来学科背景或职能整合。这些组织关注其所服务的市场，但对基础学科或职能领域的重要变化响应迟缓。

表 5-1 分组方案的后果

组织形式		
活动（职能/学科背景）	产出（产品/服务） 用户（市场/地域）	多目标（产品/市场等）
收益：	收益：	收益：
技术专家间形成同事关系	产品、服务、市场或地域可见度高	关注多重目标
通过职能/学科背景支持大规模的关键性活动	按产品、服务、市场或地域集中协调	协调和专业化
	跨职能沟通相对容易	
代价：	代价：	代价：
业务单元间协调较差	资源重复	实质性的冲突
决策主要由高层做出	失去大量关键活动，丧失按职能、学科分组带来的专业化	实施和设计成本高昂
整体视角受到局限	难以分配汇集的资源	高度不稳定

来源：R. Duncan，《组织动态》"什么是正确的组织结构？"（1979 年冬）

因此，我们很容易理解为什么会有众多组织试图开发混合式和矩阵模式，以期从多种形式的战略分组中获益。但我们要记住，随着组织变得复杂起来，随之而来的是潜在的混乱、更高的成本和显著增加的冲突可能性。正如第 6 章所示，对混合形式提供的优势，我们必须要与实现和管理其复杂结构、系统和文化所带来的各种成本一道，对其进行仔细权衡。

如何决定分组的形式

由于每种组织形式都存在相对优势和劣势，管理者或管理团队如何决定在组织的各个层级上应采用哪种形式呢？在每一个层级上，其驱动因素都是公司的战略和愿景。无论是在公司层面还是在特定的工作单元内部，组织结构的决策必须直接源于一个更高的公司战略。

公司战略确定组织的优先事项，并决定哪些问题和重要事项需要最松散地管理。例如，如果市场存在不确定性，竞争激烈，客户需求各不相同，那么按用户分组最为合理。但如果某些产品细分领域的创新是优先事项，那么按照产出进行组织可能最为有效。如果公司最紧迫的战略问题是成本和效率，那么按活动或职能分组可能最为合适。对于任何一种战略，管理层都必须权衡其基本形态的优缺点，然后选择最符合公司战略的一种形式或组合。

再以 1992 年的施乐为例。我们将在第 7 章中更详细地回顾这一案例，但总的教训显而易见。几十年来，施乐作为一家典型的职能型公司，仍没能实现迅速向市场推出满足客户需求的创新产品这一目标。按照产品开发、制造、营销和销售之间传统的部门分工，导致虽然有技术上的突破，却难以转化为适销对路的产品，没人真正对新产品在市场上取得成功负起责任，公司对不断变化的市场环境和客户需求反应迟钝。

为实施快速问责、以产品为基础的创新、以客户为中心的新战略目标，施乐决定重组为不同的业务单元，每个业务单元专注于办公市场不同细分领域中的产品和服务。施乐变成了一个复杂的混合体，产品开发和制造部分仍旧保留了以往大部分的工作，但同时通过一系列的分组设计，与聚焦于产品/用户的业务单元匹配在一起，构成了矩阵。在第 7 章中，我们将看到这种结构的细节，但本章的重点在于，战略转型要求施乐完全改组其按职能分组的组织形态，这是公司自创立以来就采用的基本框架。

同样的原则也适用于组织内部从上到下进行的再设计。在子业务单元的层级上，分组形式应该为每个业务单元的战略目标所驱动。例如，第 3 章探讨的 Technicon 研发部，便是基于活动和专业化的教科书式案例，结果，学科之间的冲突阻碍了成功开发产品所必需的协同。由于Technicon需要不断推出新产品和测试流程，这一问题是十分严重的。虽然研发部主管推动的重组流程效果适得其反，对研发部带来了破坏，但其基本思路却是对的，他需要将研发部转向按产出进行分组，针对特定项目，着重强调各个专业和学科间的密切合作。

显然，组织的不同层级可能适合不同的分组形式。我们回顾一下第2章中1992年以前的施乐结构（见图2-1）。在公司层面，组织按典型的职能分组划分为研究、产品开发与生产和市场营销与客户运营等。但是，在下一个层级上，分组是按照客户进行的，每个业务单元又根据地域来划分。组织高层做出的分组决策最为关键，因为他们限制了对组织其他部分的配置。除此之外，战略和竞争越复杂，组织处理不同战略突发事件的方式就必须越复杂。

组织的任何单一层级都应该专注于活动、产出或用户的其中之一。然而，虽然一个组织可能把战略重心放在单一领域——比如说技术创新——但同时有可能在其他诸多领域保持长期的竞争优势，比如制造能力，或强大的销售力量。以SMH为例，尽管其产品线相互竞争，营销战略有缺陷，但公司仍然保持着制造领域的技术优势，可以生产出各种价位的高品质手表。再以施乐为例，即使施乐没有创新产品，价格高，交付时间慢，在这些最糟糕的情况下，施乐仍然拥有高水平的销售团队，与美国和世界各地主要市场上的公司和办公室保持密切连接。

在这种情况下，在进行重组以实现新战略目标的同时，很重要的是保持和利用现有的竞争优势。这可以通过混合的组织形式来实现。在施乐，每个基于产品的业务单元都通过一个联合起来的客户运营单元与客户接触，该业务单元拥有成熟的销售和服务团队。

分组和专业化

一旦组织做出了基本的分组决策，自上而下各层级的管理者就必须确定每个子业务单元的专业化程度。例如，Technicon 研发部的约翰·怀特黑德可以把研究部和高级开发部分开，也可以把它们合并成具有更全面目标的一个业务单元。举个更常见的例子，一位分部总经理在确定其部门的职能结构后，必须要决定是将市场营销部和销售部分开，还是将它们合并为一个部门。无论管理者是否从专业化的角度阐明这些决策，这些决策在组织的每个层级上都在进行，每个层级也都在做自己的分组决策。反过来，这些决策通常决定了向每位管理者汇报的子业务单元数量。

整体的组织形式取决于战略考量，而专业化程度与工作要求和这些要求变化的程度密切相关。大规模生产需要大量的人从事类似的工作，对于专业化程度的要求低。而在一个医疗中心，职能众多，又进一步细分到特定学科，每项职能涉及特殊能力和信息需求，就相应地需要更高程度的专业化。

当然，管理者的挑战在于找到适当的矩阵组合。较低的专业化程度虽简化了管理，但也会削弱组织对特定的内部或外部需求做出适当响应的能力。而过度专业化会使信息处理需求变得复杂，增加了管理成本，并增加了发生冲突的可能性。因此，管理者需要把握适当的专业化程度，避免过犹不及。

分组与公司政治

归根结底，组织是有着复杂的权力和影响力模式的政治系统，记住这一点很关键。就定义而言，通过重新安排组织的优先事项和重新分配资源，分组决策会重塑组织的权力与影响力模式，因此，分组决策无一例外地都会掺杂着感情的因素。非正式组织（我们将在第10章进行深入讨论）倾向于将公司政治视为零和游戏。如果新的分组模式将一个分组的级别置于另一个分组之上，将增加的资源用于某种特定活动，或实质上改变了汇报关系，那么人们会认为，某些管理者或分组以牺牲其他人为代价来获取利益。参与分组决策的管理者需要多加小心，看清楚任何对分组的改变都可能在组织的社会结构上触发一些反应。

例如，在Technicon，调整一个项目或矩阵结构，都会视为对研发部按学科划分部门的现有结构的威胁。此外，在研发部门，化学家的地位比工程师高，化学家会密切关注任何可能会降低其地位的变化。一旦人们认为自己正面临威胁，认为自己将丧失地位，都会对变革形成阻力，这又是一个影响分组模式有效性的因素，虽然是非正式的，但依然很重要。当评估任何潜在分组设计的影响时，如同对战略目标、工作需求和专业化需求进行考量一样，成功的管理者总是会考虑到非正式文化强加的社会性约束。

在组织的高层，分组决策也会对高层管理者的权力、影响力和职业机会产生直接影响。虽然很少有组织在进行重大重组时会考虑彻底改组或替换掉高层团队，但有时也会出现这种情况。这是因为新的组织形式需要从组织或行业之外招聘集经验、视野和技能于一身的人才。在某些情况下，重组会含蓄地否定过去的办事方法，那些曾经塑造和管理旧结构的人无法在新的组织结构下胜任工作，他们没法改变过去的价值观、信念和行为模式，因为正是这些东西曾经助力他们身居高位。在Technicon的重组过程中，约翰·怀特黑德做的第一件事就是从外部新引进一位"二把手"。在BOC的例子中，C. K.周对高管进行了大规模调整。在施乐，由于强烈反对新的组织架构，公司最高管理团队中的一位成员离职。考虑到这种情况是多么的常见,也就难怪在任何组织中,人们都会把组织重构看成是经历一场重大政治震荡的历程。

回顾斯沃琪

在接管 SMH 后不久,尼古拉斯·哈耶克就明确了自己的战略:SMH 将结合瑞士产品的卓越声誉与技术上不断创新的生产工艺,以及令人兴奋、定位清晰鲜明的产品线,在全球手表市场的所有领域中进行竞争。

为此,哈耶克必须首先将产品开发和生产集中起来。通过合并 100 多个小规模、低效的手表制造和组装运营单元,公司立即斩获了巨大的规模效益。接着又引进了最先进的新技术。现在,SMH 的一家工厂每天能够生产 3.5 万只斯沃琪手表和数百万个零部件,生产过程中几乎没有人工参与。大规模生产和新技术大大降低了生产成本。

与此同时,市场营销、销售和分销职能彻底下沉,由全球产品经理负责,按产品线进行重组(见图 5-4)。此外,在每一个有销售业务的国家,SMH 都任命了一名国家经理,以保持和加强与当地客户的联系。

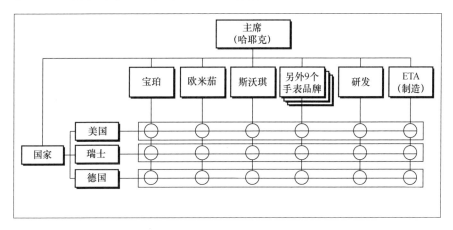

图 5-4　SMH（1994）（注：简化的结构）

用我们的分组术语来说，SMH 最终变成了一个职能型组织（就产品开发和制造而言）叠加一个矩阵，这个矩阵的一个维度是按产品线，根据产出进行分组；另一个维度是基于地域，按照用户进行分组。要使这么复杂的结构能够有效运作，SMH 必须要在其内部开展一场文化革命，因为要将 SMH 这样一家由相互竞争的各路诸侯混杂而成的组织，塑造成为一家全球化运营的企业，完全取决于管理者跨越职能、产品和地域边界进行谈判和合作的意愿和能力。同样值得注意的是，在重塑公司及文化的过程中，哈耶克最终替换了原高管团队的所有成员。

SMH 从此一飞冲天。1983 年，SMH 公司的销售额为 11 亿美元，亏损 1.24 亿美元。10 年后，公司销售额达到 21 亿美元，利润达到 2.86 亿美元。哈耶克用了 10 年时间让 SMH 摆脱破产，市值累计 35 亿美元。

SMH 的案例再次表明，关于组织设计的有效决策总是植根于战略目标。一旦战略明确，组织每一层级的管理者们都要面对意义深远的决策，为了在企业的每一层级高效执行总体战略，做出如何对人员和其工作进行分组的决定。分组决策包括权衡每个模式的相对优势和劣势，并决定哪个模式最接近于满足组织战略的需求。组织和战略越复杂，应采用的分组形式就越复杂。在大多数情况下，单独采取一种分组形式无法满足需求，管理者有责任发挥他们的创造力和商业知识，对分组安排进行设计，以达成最高效的组合。

虽然分组是一个重要的设计决策，但也只是诸多设计决策当中的一个。不管它的组织设计多么富有想象力，没有任何分组能在真空中发挥作用。将相互分离的分组转化为集成的组织，其关键在于协同。在第 6 章中，我们将讨论如何设计连接组织内部竞争力的结构和机制。

第6章

协同工作：战略性连接

ABB集团：本土业务的全球联盟

工业巨头ABB集团的总部位于瑞士苏黎世，在全球设计、生产、销售电气系统和电气设备，基于一系列战略性矛盾，集团实行了一套复杂的组织架构。

ABB于1988年由瑞典阿西亚公司（ASEA）和瑞士布朗勃法瑞公司（Brown Boveri）合并而成，目前业务遍及140个国家。随着这两家公司的合并，ABB的CEO珀西·巴列维（Percy Barnevik）构想了一个战略，既要发挥集团全球化的规模经济和快速转移技术专长的优势，也要利用集团旗下数百家公司在各国奠定的深厚根基获益。换句话说，ABB既想做大，又想做小，兼顾集中和分散的益处，将全球和本地并重。

面对这一挑战，巴列维指派了公司里10位最聪明的人，组成名为"曼哈顿计划"的团队，给他们6周时间设计一个全新的组织结构。最终的结果是一个复杂的矩阵，当中有300家本地公司被分别划归到50个业务领域旗下，而这些业务领域又组成了12个行业部门。此外，在ABB业务涉足的每个国家中，会有一名国家经理负责监管所有业务单元在该国的政府关系、劳资管理和员工发展等事宜。结果是，每位公司总裁要向两位老板汇报工作——一名国家经理和一名业务领域负责人。例如，位于康涅狄格州温莎镇的 ABB 燃烧工程公司，它的总裁须向 ABB 在美国的国家经理和动力工程业务领域的全球总经理汇报工作（见图 6-1）。于是，ABB 成为全球性聚集资源、专有技术知识、生产创新和分销网络的强大企业，可以与同样体量的任何全球性大公司展开竞争，同时还在不断强化其与当地市场和客户的深度联系。在 140 个国家，ABB 拥有 300 家公司和 5000 个利润中心，21 万名员工相互协作，这表明，在将一个犹如万花筒般复杂的分组模式转变为一个流畅运作的组织方面，连接机制起到了关键作用。ABB 也证明了这种设计可以多么成功。ABB 的净利润为 13 亿美元，其股价在 1992 年至 1996 年间翻了一番。

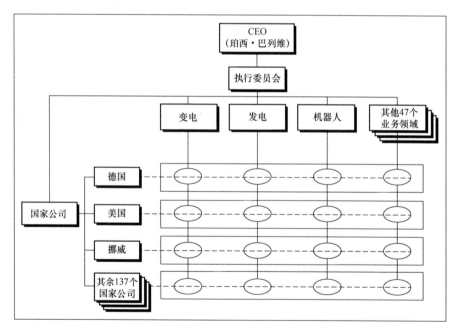

图 6-1　ABB（注：结构已简化）

第6章 协同工作：战略性连接

对协同的需求

正如第5章中所述，根据定义，战略分组是将某些工作和个人分开，同时将其他工作和个人聚集在一起。例如，如果珀西·巴列维决定只按唯一维度，按业务领域或者按国家对ABB旗下的公司进行分组，那么共享利益和责任的运营单元之间即刻就会树起高高的壁垒和障碍。如果他选择了按地域分组，那么在德国、波兰和美国印第安纳州生产类似产品的工厂会发现，共享员工和生产技术很困难。而如果只按业务领域划分，那么ABB在挪威、葡萄牙或其他国家的公司将缺乏核心领导团队，无法有效处理当地的税收政策、工会和高管招聘等共同问题。

从本质上讲，战略性连接就是要设计正式的结构和流程，将被战略分组分开但又彼此相关的运营活动连接起来。一旦做出了关于战略分组的关键决策，下一步就是提供必要的机制，协同彼此的工作，使得公司可以像一家一体化企业那样开展工作。

虽然分组决策是由战略考量所驱动，但连接决策的原则植根于相互依存的任务这一概念。分组间任务的相互依存程度不同，需要的正式连接的机制种类也不尽相同。其目标是设计出一种信息接收机制，使每个分组能够从其他分组接收到相关信息，用以执行工作和实现自身目标。若连接不能提供必要的信息流，则必然会导致协同障碍。而超出所需连接的代价高昂，虽然能提供更为广泛和详尽的信息，却会阻碍信息的流动。弄清楚哪些是必要的机制，避免走极端，这才是关键。在本章中，我们将讨论工作相互依存的多样性，提出一系列正式的连接机制以及做出连接决策的方法。最后，我们总结了非正式组织增强协同的方式（见图6-2），作为对正式连接机制的补充。

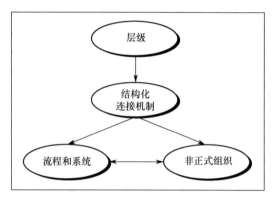

图 6-2　正式连接机制的范围

多样化的相互依存的工作

与分组一样，连接也涉及几组需要考虑的因素。对组织设计者而言，处理以下问题的难点在于如何选择正确的连接机制：①相互依存但截然不同的业务单元之间的工作流；②在整个公司范围内，同学科背景或职能部门的专业人士相互连接的需求；③与紧急情况或临时工作、短期目标相结合的工作流。

贯穿工作流、学科背景间的连接和危机状态下的工作要求的一个概念化主线，便是与工作相关的相互依存。为应对这一不确定性，管理者需要选择相应的连接机制。任务的相互依存性越大，就越需要协作和共同解决问题。相互依存的程度越高，处理工作不确定性的正式连接机制就必须越复杂。而相互依存程度最低的分组之间，对协作和共同解决问题的需求相对较少，因此需要较为简单的正式连接机制。

我们以遍布城市的银行分行为例，除了共享广告和营销资源外，每个分行的运营在很大程度上相互独立。类似的，在一个拥有完全不同的产品/市场细分的多元化公司中，各部门之间除共享员工、技术等公司资源之外，业务单元基本上也相互独立。这两个例子都阐释了集合型相互依存，其特征是同一组织中相对独立的单元共享某些稀缺资源。在这些情况下，只需要有限的协同和连接机制（见图6-3）。

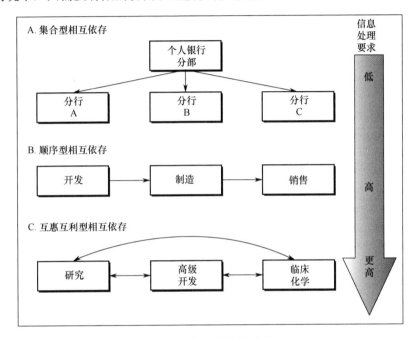

图6-3 相互依存的形式

我们再以银行的后台运营为例。经一系列部门处理后，银行才发出支票。这是顺序型相互依存的例子。每个工作单元必须与其前后的单元紧密合作，以一定的顺序执行特定的工作流程。比起集合型相互依存的单元，顺序型相互依存的单元必须面对更高程度、更多种类的解决问题和协作需求。顺序型相互依存的分组需要密切协作与时间安排，以保持工作流程顺畅、不受干扰，因为工作流中的每个单元都依赖于上游单元。

在第3章介绍的Technicon的例子中，营销部门非常依赖研发部和生产部，以开发新的实验室测试产品。各职能部门必须与其他职能部门保持密切联系，以确保市场、技术和生产协调一致。同样，在广告公司中，在为客户开展广告活动的过程中，媒体、创意和客户服务部门也必须密切合作。这些都是互惠互利型相互依存的例子，每一分组必须与所有其他分组一起工作，以创建一个共同的产品或服务。互惠互利型相互依存使业务单元之间产生了实质性的协作和解决问题的需求。如果失去其他单元的积极贡献，没有任何一个单元能够完成自己的任务。

集合型、顺序型和互惠互利型相互依存是与工作相关的相互依存，程度依次提高。比起顺序型相互依存，互惠互利型相互依存的协调成本和复杂性都更高，而顺序型相互依存又比集合型相互依存需要更高的协调度。

在正常的工作流之外，组织有时会出现任务相互依存程度异常高的情况。这些情况包括紧急情况、危机、短期项目以及需要整个组织参与、旨在解决重要问题的一次性努力。在这些情况下，平日里只是将资源集合在一起的业务单元突然间必须以更为密切的协作方式共同工作。再以分行为例，如果城市中有部分区域停电，为应对紧急情况，未受影响的分行将不得不与停电的分行共同工作。还有经常发生的情形是，当企业要求共享相似技术或知识基础的产品部门联合起来，结合各个部门自身的资源和特殊技能参与公司一个风险项目时，各单元间的相互依存程度会临时发生变化。

最后，如果不考虑工作流，专业人士必须保持跨组织边界的联系。如果只和具有同一学科背景的人聚在一起，他们就有可能变得过于专业；如果脱离专业上的同事，又可能跟不上各自领域的新发展。特定学科的变化速度越快，就越需要相互依存。

无论是因为工作流、危机，还是为专业人士特有的协作需求所推动，这些要求在不同程度上建立与工作相关的相互依存关系，提出了对信息处理的不同要求。集合型相互依存的业务单元（或者基本知识库变化速度较低的业务单元），比互惠型相互依存的单元具有更少的协作需求和信息处理需求。设计者面临的挑战，是如何选择适当的连接机制组合，处理与工作相关的相互依存所产生的信息处理需求。

最后，做战略分组时，要在组织不同层级分别进行相应的分析，在对工作相关的相互依存进行评估时也是如此。在 Technicon 中，不仅职能领域之间存在互惠互利型相互依存，在研发部中，每个专业人员在新产品开发工作中也是相互依存的。分组模式可能随着组织每一层级的不同而变化，同样，在整个企业中，与工作相关的相互依存模式也可能不同。越来越多的公司正在发展超越公司传统外部边界的连接模式，以体现与客户、供应商和合作伙伴间高度的相互依存，我们将在第 7 章详细探讨这一趋势。

战略性连接：众多的选项

用来连接和协调组织内各个分组的工作可以有各种不同形式的正式机制。与工作相关的相互依存关系会提出相应的信息需求，为了应对这些信息需求，我们要选出那些结构化连接机制，它们能提供合乎需要的信息流、程序和结构。我们可以根据处理信息流的能力和解决复杂问题所要求的能力，来评估各种备选方案。

结构化连接最明显的形式是层级制度，即正式分配的权力和权威。权力的层级直接来自于分组决策。例如，在部门结构中，职能经理向各自的部门总经理汇报，而部门总经理又向公司总裁汇报。同一级别管理者之间的协调和连接可以通过他们共同的老板来完成，老板负责传递信息，控制群体之间信息流的类型和数量，并化解冲突。仔细想想，这正是 ABB 层级结构所具有的功能。将国家经理和业务领域负责人相结合，提供连接机制，协调合作项目，共享汇集的资源，实现跨职能和地域边界的信息持续性流动。

正式层级是最简单也最为普遍的正式连接机制之一。管理者在行为上的专注、持续和一致，既可以为组织中各个分组之间的高效协作给予指导，也能为分组的协作创造条件。然而，作为连接机制，层级的作用有限。外部条件的不确定性、特殊项目、联合运营、偶发危机等所有变化，都会改变一个组织中各单元之间的相互依存关系，这很容易使个体管理者不堪其重。在这种情况下，必须采用其他方法辅助管理者担当连接机制的角色。这些方法包括：

- 设置联络员。在需要对两个或两个以上的分组集中解决问题的情况下，组织通常需要分配特定的人共同承担联络员的角色。他们既是信息和专业知识的来源，也是其各自分组的联络员和顾问。本质上，这些人是组织内部的信息管道。担任联络员角色的人员虽然负责加强各单元之间的协作和信息流动，但少有权力将自己的决定强加于他人。联络工作通常不是其全部工作职责，而只是众多工作内容中的一项（见图6-4）。

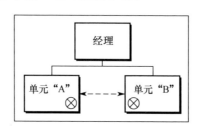

图6-4　联络员角色

- 成立跨单元工作组。另一个经常用来协同多个单元工作的方法是成立跨单元工作组。这些是专门针对特定客户、产品、市场或问题而设计的小组。将每个相关分组派出的代表们集中起来组成工作组、长期小组或是临时小组，汇集专业知识并协调工作。与联络员这一角色相比，跨单元工作组提供了一个更大的平台，用于协调/交换信息，解决单元之间的冲突。尽管组织只在需要时才可能创建这类小组、团队或工作组,但如果组织内跨单元的项目相当常见,那么将之融入正式结构也是顺理成章的。例如,在一个医疗中心,一个由各主要部门代表组成的常设工作组,可能负责制定和调整工作指南和流程,会对各部门的工作流产生影响(见图6-5)。

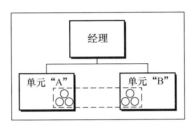

图6-5　跨单元工作组

- 委派整合者。在需要多个分组共同决策的情况下,非正式的团队和联络人角色可能力度不够。单一个体可能并不认为自己应对集体业绩负责。同时,负责多个不同分组的管理者可能缺乏时间或专业知识来裁决分歧。面对快速解决问题和全面管理的需求,组织有时会指派一个人作为整合者。担任这一角色的人需从全面管理的角度,帮助多个工作分组完成一项联合任务,比如一个特定的产品或项目(见图6-6)。

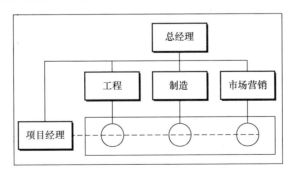

图6-6　整合者(项目经理、品牌经理、地区经理、客户经理)

诸如项目经理、品牌经理、地区经理和客户经理等,都是整合者角色的样板。这些岗位的设立旨在找到一位整合者，在与拥有极其重要的专业知识但视野相对狭窄的专业负责人共同工作时，整合者需要与他们分享全面管理的视角。整合者有实现组织内部横向协同的正式责任。整合者尽管向高层汇报，但通常缺少指导其职能和同事的正式权力。由于与团队成员之间存在虚线汇报关系，当其遇到不愿合作的团队成员，整合者必须依靠专业知识、人际关系能力、整合团队和解决冲突的技能去影响他们进行协作。

对于整合者来说，获得完成其工作所必需的职能或资源是必要的。当组织存在多个项目、客户或产品时，彼此都在争夺稀缺资源。以第 3 章的 Technicon 研发部为例。每个项目经理都需要想方设法从研发部获取帮助；所有项目都在争夺同一拨人，而部门负责人却不愿任何一位员工参与上述项目中。在这种情况下，为了增加特别项目整合者的权力并协调资源，组织有时会创建专门部门来监督产品开发工作（见图 6-7）。

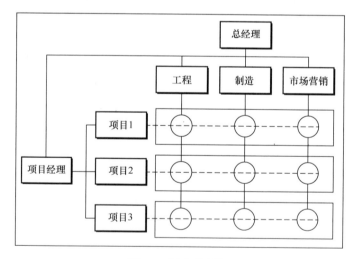

图 6-7　整合的部门

上述结构在职能性或地域性组织中很常见，这些组织也必须专注于开发特定的产品，因此，组织中的产品部门有自己的高级经理，与职能经理有着同样的汇报线。这位高级经理是产品方向的正式代表，负责协调跨项目的资源分配。然而，职能性组织仍然向其职能线主管报告，并与项目/产品经理保持虚线汇报关系。如果在 Technicon 研发部中实行同样的安排：项目经理们继续抱怨研发部的部门负责人拒绝合作，自己却无计可施，但如果他们直接向产品开发经理汇报，后者直接向研发部负责人报告，那么项目经理获得成功的可能性会更大。

尽管我们所关注的整合者角色属于产品开发领域，但实际上，这个角色非常常见，也适用于各种不同的情况。无论设立这一角色的组织性质如何，这个角色的目的都是抵消战略分组产生的反效果，在复杂组织的较低层次上实现协作并及时解决问题。

- 采取矩阵结构。如施乐、SMH 和 ABB 案例所示，企业战略经常要求对多个优先事项给予同等重视。例如，产品和职能，或市场和技术专长。若战略需要同时强调产品、市场和地域等多重维度，或者当多业务之间存在高度相互依存的永久关系时，正常情况下，整合者这一角色缺乏处理海量信息需求的能力。那么，我们就需要一个矩阵结构。

通过管理组织中各个方面相互竞争的权力关系，以及设置旨在同时实现多个目标的系统和角色，矩阵型组织从结构上提升了协同能力。例如，一个希望最大限度地提高学科能力并关注产品的研发机构，可能会设计一个矩阵结构，让不同实验室的主任同时向学科负责人和产品负责人汇报。体现在整合者角色中的虚线关系将变得稳固，实验室的核心成员也会有两个老板。具体来说，这正是 ABB 的形式：每位负责运营的经理都有两个老板，一位是国家经理，另一位是业务领域负责人。

图 6-8 是一个典型的矩阵结构，当中包含两条指令链。右边是传统的职能部门：工程、制造和市场营销。组织仍然受益于按职能分组的人员所提供的信息交换和控制。左边是另一条指令链，每个主要的新项目都有一个项目经理负责协同跨职能分组的个体活动。因此，负责管理与项目相关活动的职能经理有两位老板——一位职能老板和一位项目老板。通过这种方式，在协同与项目相关的活动时，也在跨职能分组以及分组内部同时处理信息。

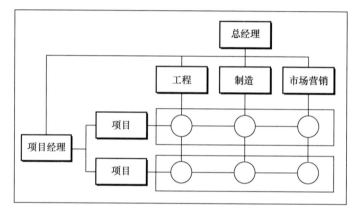

图 6-8　矩阵型组织

从任何角度来看，矩阵结构都很复杂。它们需要的系统、角色、控制和奖励都是双重的。这要求管理者必须能处理矩阵两个维度上的系统、结构和流程。此外，矩阵结构的管理者们还必须处理好同时管理一位共同下属带来的难题，而这位下属则必须要面对两位老板。

如图 6-9 所示，在矩阵型组织内总经理是唯一一位老板，矩阵的每一边都在此交汇。总经理必须确保矩阵的每一边都享有平等的权力和影响力。否则，该组织又会回归到只聚焦于单一分组上。矩阵经理之下还有一个清晰的层级结构，其下属只负责向一位老板汇报。矩阵经理及其两位矩阵主管能最为直接地感受到矩阵结构。除此之外,组织中只有相对少数人能真正看到矩阵型系统、角色、程序和流程。在一个试图同时服务多个战略方向的组织结构中,这四个角色构成的管理团队必须不断地平衡压力和解决冲突。

在 ABB 的案例中,21 万名员工中只有 500 人左右在矩阵中扮演角色,他们都有两位老板。但对于其中每一位经理来说,处理持续存在的模糊性是相当大的挑战。珀西·巴列维说,这些经理们"必须有自信,在收到相互矛盾的信号时不会手足无措,还要有诚信,不在老板中挑拨离间。"(Taylor 1991)。

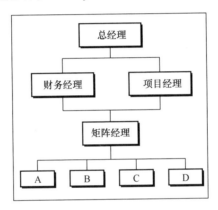

图 6-9 矩阵型组织:另一种视角

虽然矩阵结构最为复杂,最有可能在主要连接机制间引发冲突,但也只有矩阵结构能同时最大化几个具有重要战略意义的目标。考虑到矩阵结构的复杂性和其固有的不稳定性,大多数组织只有在没有其他可行的替代连接的情况下,才会采用矩阵结构。

制定结构化连接决策

有一些基本标准可以用来比较备选连接机制:成本和资源利用、对非正式组织的依赖程度,以及处理信息的固有能力(见图 6-10)。制定连接机制有效决策的关键,是根据需要连接的分组之间的工作相互依存程度,选择最为一致的正式结构。如前所述,过于复杂的机制昂贵又低效;相对而言,过于简单的安排将无法完成工作。

一般而言,结构化连接机制的主要形式可根据以下维度进行评估:

1. 就资金和资源而言,每种连接机制的成本差异很大。 正式的层级制度和联络员角色需要由少数关键人员担任,由他们持续地关注协同工作,而矩阵需要双重的结构、系统和程序。矩阵结构也需要成员花费时间和精力,努力维护矩阵两边的委员会和团队。所涉及的人员、系统和程序越多,连接机制的成本就越高。

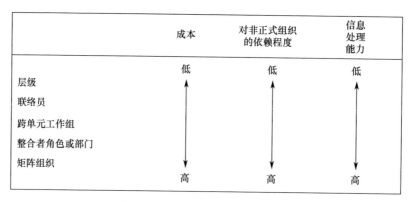

图 6-10 结构化连接机制的结果

2. 正式连接机制对非正式组织的依赖性也有所不同。 虽然层级和一些联络员角色极为依赖正式组织,但跨单元工作组、整合者角色和矩阵结构在很大程度上依赖于完善的非正式组织。更复杂的连接机制实际上会在组织内产生冲突。有弹性的非正式运营环境能够处理高度相互依存关系中固有的模糊性和冲突,在这种环境下,复杂连接机制的适应效果最好。实际上,在组织中,如果成员的价值观、信念和实践能够支持公开解决冲突、不断促进持续协作,并允许存在不明确的关系,这样的组织才适合采用矩阵结构。因此,正式连接机制越复杂,对非正式系统的依赖性越大。

3. 不同连接机制的信息处理能力差异显著。层级和联络员形式受到相关个体收集、处理和输送信息能力的限制。这些简单的连接机制可以很好地处理低程度的相互依存，但不能应对大量的不确定性或复杂的相互依存工作关系。例如，联络员角色只能传递有限数量的信息。虽然联络员可以确定需要协调的问题，但解决冲突的能力有限。整合者、工作小组、跨单元分组和矩阵结构不仅可以确定要处理的问题，还可以调动适当数量的、来自不同单元的人员协同和完成工作。这些更为复杂的机制推动深层的系统决策，并利用更多资源和视角。它们允许多重视角的观点、实时解决问题和纠正错误。

和分组一样，组织在每一层级也要做出连接决策。由于每个层级的管理者都要处理不同程度相互依存的工作和不同的信息处理需求，每个层级的管理者都将面对不同的连接机制选择。例如，企业级别的顺序型相互依存可以由高管团队或委员会处理，部门内部的互惠互利型相互依存则需要更复杂的连接机制。

结构化连接是一种重要的管理工具。虽然组织的每个层级都选择了单一的战略分组形式，但在一个单元中可能有许多结构化连接机制。例如，在 Technicon 的研发部，可以通过整个实验室的矩阵组织来完成结构化连接。此外，可能会成立特别工作组来处理新技术对组织的影响，也可能会召集一个高层团队来处理新的竞争威胁，还可能会成立非正式委员会来分享实验室内各学科的专业知识。因此，连接可以成为处理组织中所有不同协同需求的工具，强大且灵活。

最后，随着工作相互依存程度的变化，组织对连接机制的选择也该相应改变。这些机制无须永久存在。若问题迫在眉睫，如需要快速开发和引进新产品，制定应对当前竞争威胁的措施，或解决的问题涉及一个特定的客户或供应商，在专门应对这些问题时也可创建连接机制，这正是其优点之一。例如,福特公司在1989年专门创建了一间所谓"臭鼬工厂"式的机构,对外宣称这一工厂要重新设计野马汽车,而事实上是要拯救这一产品。这个项目召集了整个福特公司的工程师和生产专家,一直持续到1993年第一辆新野马出厂,这个团队随之解散。由于"臭鼬工厂"的概念被证明非常有效,福特公司决定再次用它来集中跨业务单元的资源,解决其他的问题。

通过流程和系统进行连接

到目前为止,我们主要是根据构成组织或工作分组的正式角色和结构讨论连接机制。但是,近年来,组织设计者逐渐认识到,流程和系统在协同活动、帮助员工贡献于富有成效的工作方面也发挥着至关重要的作用。在这种情况下,我们使用"流程"这一术语,描述在不同的层级中,为追求共同的目标,频繁地跨越组织结构划定的边界,组织中的各个分组和个人进行协同努力的顺序。术语"系统"指使用人力或物理技术,使员工和分组执行特定流程所要求的工作机制。

虽然与正式的层级结构相比,流程和系统似乎有些模糊,但在协同方面,它们是连接的潜在的强大来源,正获得越来越多的关注。在实践中,流程和系统经常对正式的层级角色和结构进行补充。在某些情况下,流程和系统甚至可以取代传统的层级。

由于近来人们才对流程有所关注,关于如何从组织设计的角度设立流程仍然有相当多的讨论,众说纷纭。不过总的来说,我们认为,组织流程可以分为三大类:

1. 战略管理流程。即在公司层面上有关塑造、指导和控制业务活动的流程。战略规划、通用管理、资源分配和运营审查都属于这一类。这些流程通过创建总体规划来连接和协同活动,提供资源和方向,使各单元能够按照规划协同活动，评估各单元实现目标的程度。这些基本上是设定方向、提供评估和纠错所需信息的控制流程。

2. 业务管理流程。此流程可协调工作流，即产品、服务和资源在整个组织和跨组织边界的流动，以便为客户创造价值。例如，越来越多的组织开始认识到，产品开发作为一个跨部门的流程，不能只专属于某一个部门，只允许科学家和工程师们在部门的真空中构思新产品，而完全脱离对市场趋势或客户需求的及时洞察。人们越来越将产品开发视为一个持续的反馈循环，销售、营销、服务人员与设计、生产、分销货物和服务的人员密切合作。这一流程涉及多个维度，利用无数职能和不同学科背景员工的技能、经验和信息。将产品开发、完成订单和客户管理设计为协同的流程，而非孤立的部门，这是一种思考组织应该如何架构的全新方式。

3. 支持管理流程。包括人力资源、公共关系、信息管理等活动，提供政策和实践，使组织能够有序运营，并与其明确的标准和价值观保持一致。

需要注意的是，每一套流程都有一组相关的系统，即通信系统、生产系统、员工选择和培训系统，流程和系统交织。一般来说，如果没有必要的系统，流程就不能运作。例如，如果没有能够识别、收集、处理和报告必要数据的业务信息系统，预算规划和控制流程就毫无价值。在每个层级上，流程和系统的顺利整合在决定组织协同工作的能力方面起着很大作用。

虽然业务流程作为一种重要的连接形式已经引起了相当多的关注，我们也将在第 8 章中进行深入讨论，但设计领导者还应该密切关注支持流程中固有的重要连接力量，如人力资源、质量保证和信息系统。

支持管理流程

以施乐公司战略层面的人员甄选流程为例,在 1992 年重组期间,最初公司设计这一流程是为了甄别高管岗位的候选人。在这一流程中,系统地确定了领导岗位所需要的技能和个性特征,然后将这些技能和个性特征与潜在候选人的档案进行匹配。在全公司范围内应用甄选和评估流程,包括共享最重要的标准清单,不仅通过共享对领导力素质的要求,将业务单元连接起来;还有助于识别每个单元中有潜力承担公司其他重要工作的人选。

特别是奖励系统,这是在整个组织范围内通过激励所需要的行为来强化连接的最有效的支持流程。我们每个人都会密切关注绩效标准,这是人之常情,因为绩效标准是我们会被评估和奖励的依据。因此,连接机制和奖励模式之间必须有高度的一致性。否则,组织就会发出相互矛盾的信号,这只会导致混乱、沮丧情绪和不佳的业绩。

例如,在一个组织中,制造部门根据毛利率获得奖励,而销售部门则根据销量获得奖励。显然,销售人员会尽一切可能降低单位价格,以便尽可能多地销售。每一次价格下降,利润随之下降,制造部门就会遭受打击。另外,制造部门也可能想方设法地偷工减料以降低单位成本,但这可能会降低产品质量,或使产品失去广受欢迎的功能,销售人员相信客户会特别看重这些功能。奖励系统相互矛盾,就会导致两个部门的工作目标不一致。因此,仅依靠结构化连接机制,是不可能化解奖励模式中的明显冲突的。

尽管存在其他缺点,Technicon 研发部将奖励系统与其连接机制结合起来的努力仍广受称赞。之前与以职能和活动为基础的分组相一致,仅仅基于其研究的技术质量和在学科内获得的认可，科学家们就能得到奖励。随着研发部重组，成立了一个由项目总监组成的团队，他们专注于开发适销对路的产品和流程，奖励系统也相应地发生了根本性的改变，奖励直接与产品相关的业绩挂钩。

任何奖金和激励系统都应包含以下几个一般原则：

- 激励措施应明确地将绩效与薪酬联系起来，并应直接与具体的标准和目标联系起来。如果一个团队的目标是客户满意，那应该是衡量绩效，而不是服务电话的数量或持续时间，后者可能与是否真正满足了客户需求没有什么关系。
- 在组织的每一层级，奖励应该直接与所要求的业绩本质挂钩。比如，在康宁，为了培养高管团队真正拥有团队视角，在很大程度上，高管团队每位成员的奖金计划取决于整个公司能否成功实现特定的财务目标，比如股价。但在其他情况下，比如针对投资公司的基金经理，基于个人绩效进行奖励更为合适。
- 奖励应该与团队或个人可控范围内的目标直接挂钩。我们刚在前文中提到，只要销售部门可以单方面改变价格、增加销量，且销量是其激励措施的基础，制造部门便无法控制利润。
- 奖励计划应该将奖励的衡量周期与相应的绩效周期相匹配。有些目标可以在完成三个月后进行评估，而在不到一年的时间内，对其他目标进行评估可能就不切实际。一些组织在制订激励计划时认识到了这一点，因此囊括了短期和长期目标。
- 奖励系统应该以公平为指导原则，而不是平等。

从组织架构的角度来看，设计者需要退后一步，从更广的视角看问题，并从战略、业务和支持这三个层面出发理解流程的重要性。他们需要研究以下两个问题：

（1）新设计将在多大程度上影响现有的流程？某些流程将继续实

施,而另外一些将会过时。有些流程可能仍然有必要存在,但以目前的形式存在则不可行。

(2)考虑到重新设计会产生新的分组模式,将需要哪些新的流程来连接这些重新配置的分组?

简言之,在思考新的组织和连接需求时,设计者需要跳出层级和正式结构的传统观念,充分探索流程在现代企业中不断扩展的作用。

职员与一线员工

在我们对流程的讨论中,隐含的前提是对执行这些重要的管理和支持职能的人员有显而易见的需求。但在当下,主流的观点是机构精简、扁平化和精益,并将资源集中在能为客户带来直接价值、直接增加利润的领域,这是一个复杂的话题。

然而,事实没有改变。没有恰当的管理、控制和支持,任何复杂的组织都不能长期有效地运作。对于设计师来说,问题是要弄清楚对这些管理、控制和支持流程的需要程度,然后,管理好职能部门的员工和一线岗位之间的固有冲突。"一线岗位"是指与组织核心业务流程直接相关的岗位,即设计、生产、交付,或者出售组织的产品/服务。而"职能"是指管理和支持流程当中的员工和岗位,如人力资源、财务、规划、法律和信息服务。职能岗位本质上是管理职能的延伸,其目的是帮助控制和协同。

职能岗位的设计总是会引发一些根本性的问题。首先,根据其定义,这些工作并不直接涉及生产或销售公司产品,因此通常视为非生产性管理费用。其次,许多公司正在寻求从分权管理中得益,职能工作被视为是中央规划和决策的延伸。事实上,许多人认为,职能工作不仅没有产出,而且还起到完全相反的作用。

这种以偏概全的结论并不公平。不过，在一线管理者和职能管理者之间出现持续的摩擦也很容易理解。特别是在大型组织，职能分组发挥着重要作用。首先，我们已经看到，分组会促进业务聚焦，如果没有职能团队，核心业务领域之外的某些重要职能，诸如人力资源等，将注定成为事后补救式的活动，甚至从视野中消失。其次，职能团队增强了高管收集、处理和传播信息的能力，毕竟，在一家大公司里，高管不可能知道所有事情。再次，职能团队能够监督和协同各单元之间的政策，确保整个组织在人事政策和财务报告要求等方面保持一致性。最后，在职能分组中汇集的专家资源，应能提供规模经济。例如，公司人力资源、规划和研究分组在各自的领域发展专业知识，为各部门的专业人员提供资源、协同、连接本地同事，为后者提供最新信息。

这些都是职能分组的优势，但其在实践中也出现了很大问题。一些主要的问题如下：

（1）增长与**繁殖**。一旦组织存在职能分组并植根其中，这些团队就会迅速扎根，高速发展。组织很难削减成熟的职能团队，几乎不可能裁撤。从本质上说，他们的工作似乎永远不会结束。

（2）直接成本。虽然职能团队不直接贡献产出，也不产生收入，但他们的薪酬可能高得惊人。

（3）间接成本。除了工资、费用、文员支持和设施，支持人员带来了大量的间接成本。最主要的是一线管理者花在回应职能人员提出的请求、需求和要求上的时间和精力。若职能人员参与决策，还需要花费额外的时间做出决定。

（4）对权力的角逐。一线部门和职能部门之间的敌对关系，往往会造成令组织运转失灵的冲突和权力游戏。对组织来说，带来的直接和间接成本都是极其巨大的。

（5）内部管理和激励。职能团队往往难以管理、难以激励，很难令其对工作满意。因为很难衡量或评估他们的工作，所以对其进行奖励也相当棘手。此外，由于该角色不属于组织核心功能，他们认为自己的职业发展机会非常有限。

（6）官僚化。从定义上讲，职能团队关注的是流程而不是产出，这可能会催生官僚主义文化，其特征是成本增加、响应变慢和普遍的挫败感。

（7）组建防守型职能团队。当一线管理者开始组建自己的"防守型"职员团队，用以对抗四处插手的总部职能员工，这时问题就变得相当严重了。与其他职能团队一样，新职能团队对产出或收入没有贡献，反而会推高成本，并立即开始增生，从而延续职能分组无穷无尽的生命周期。

考虑到对某些后台职能的需要，加上职能分组经常带来严重问题，组织设计者需要一种微妙的平衡。这里的诀窍是创建有控制和协同能力的职能团队，而不是养成一头原本是要提供支持、现在却能改变组织本质的"官僚主义怪兽"。

高效的组织使用了一些特定的技术，防止职能分组出现更多的组织机能障碍。这些方法包括：

（1）分层：通过禁止逐级增加冗员，限制职能分组的层级数量。分层可以有效防止职能员工之间的过度交互，并加快信息在组织层级中的流动。

（2）轮岗：限制职能员工的数量，并且安排一线员工到职能岗位轮岗。这样既能结合技术专长与核心业务的实践知识，还减少了内部管理问题，实现冲突最小化，并在组织内构建对多元视角的更高包容度。

（3）削减：定期削减职能分组，将员工尽可能地调整到一线岗位。

（4）厘清：如有可能，明确规定管理流程和个人角色。组织物理学的定律指出，职能群体会增加人手，填补因目标设定、决策和资源分配等流程不清而造成的空白地带。而清晰的界限会限制职能人员的扩展，减少冲突发生的机会。

（5）管理：管理者应该清晰地表达和示范对职能团队所应扮演角色的看法。管理者将时间花在什么人身上，以及如何分配时间，都会清楚地传递出他们对一线员工和职能团队的真实看法。

非正式的连接流程

在结束战略性连接的话题之前，我们需要注意，在大多数组织中，存在着超出正式结构和流程范围的强大的连接力量。它们尽管不是正式设计过程中显而易见的要素，却是管理者在重新设计现有组织时需要考虑的重要因素。至少，管理者应该寻找方法，提供与这些非正式流程相一致的设计和角色，并充分利用这些非正式流程。

非正式连接的第一个来源可以称为社会化。每个组织的文化，即价值观、信念和行为规范，都会帮助人们理解应该如何行动，甚至在正式结构和流程缺失的情况下发挥作用。特别是在律师事务所、诊所、会计师事务所等专业服务公司中，人们倾向于按照共同的行为准则行事。这一准则包含在人们刚刚入行时所接受的培训中，并在多年的日常实践中得到加强。

特别是在有强大文化的组织中，这些普遍的行为期望准则跨越物理和法律边界，发挥了强大的协同作用。它们提供了一种促进协同的共同语言，在模糊的情形中，提供了有助于指导决策的参考框架，以及一系列关于如何与员工、同事、客户和竞争对手打交道的预期。

非正式连接的第二个来源是非正式的关系。特别是在运营地点遍布全国或世界各地的大型组织中，如果一位成员与需要打交道的同事之间有些私人往来，而不只是简单地回应一个陌生人的来电，或者回复一封毫无感情色彩、来自陌生人的邮件，那么协作和决策会变得容易很多。所以，像 ABB 等组织会竭尽全力，为来自不同国家和业务团队的管理者提供机会，周期性地组织大家一同参与训练课程、管理会议和其他活动，他们可以花一些时间建立非正式的人际关系，这在未来对组织将会是无价的。

与此同时，非正式关系在几乎每一个组织中都起着重要的连接作用。1984 年，通用汽车开始大规模重组，几乎在一夜之间就毁坏了多年来建立起的数千种关系，这是一个典型案例，我们将在第 10 章详细描述。在过去，管理者们通常只需要接听一个同事打来的电话就能完成某项工作，但现在却突然转向使用正式的程序。在同意接受一个陌生人的工作要求之前，他们需要 6 位上司的签字。

非正式连接的第三个来源与我们所说的新兴角色有关。随着时间的推移，某些人会自动开始承担某些重要的协调角色。这些角色虽然几乎总是非正式的，却为各种正式团体提供了重要的连接。他们通常分为四类。

第一类可以称为创意产生者。无论其工作职责是什么，这些人都有倾向和能力综合来自不同分组和学科的创造性想法和见解。第二类人包括倡导者，他们会利用自己或别人的创意，通过推销这些创意使其产生成果，他们会承担风险，寻找必要的资源来追求"目标"。第三类人可以称为看门人或特使。这些人对自己的行业或职业具有不同寻常的全球化视野，能有效地将组织或业务单元之外的重要信息传输给自己的同事。最后一类人是赞助人，他们是组织中的高管，提供非正式的支持和资源，保护不寻常的项目或想法。

这些关键的连接职能不能被正式化，不能成为组织官方结构或系统的一部分。事实上，把它们变成正式的结构通常会使之失效。这些连接角色的成功，取决于少数关键人物的技能和兴趣。研究表明，一个组织中真正履行这些关键职能的员工不超过15%。

虽然这些非正式的角色不能转为正式组织，但组织可以鼓励并增加其数量。例如，一位研发总监试图任命看门人，但没有成功。失败后，她找到了非正式填补这一角色的人，允许他们访问数据库，增加差旅预算，然后找到新的方法，让他们与组织里的人一起加入工作小组。对成功达成目标的人，这位总监还会给予其明确的奖励。

这些非正式的角色非常重要。如果没有创意产生者，就会影响到业务单元间协作的质量；如果没有倡导者，合作往往在起步阶段就会失败；如果没有看门人，内部和外部的专业知识都将被浪费；如果没有高层赞助人，局部的阻力会阻碍合作项目。

这些非正式的角色倾向于在核心价值观特别明确的组织中进化，其清晰度和一致性为员工提供了指导，增加了员工承担超出特定岗位职责、承担责任的信心。若核心价值观不明确，非正式组织往往会变得混乱，人们在承担非正式角色时犹豫不决，而真正承担这些角色的人往往会卷入冲突。

回顾 ABB

ABB 在过去几年的发展中，几乎诠释了结构化连接机制的每一种主要形式。首先，ABB 是一个复杂的矩阵系统，这一结构本质上是组织范围内的连接设置。从这个意义上说，ABB 通过层级制度提供了连接，其连接甚至延伸到高管团队内，公司的 12 位副总裁都有各自的职责。一位高管可能监督某一公司的职能领域，比如财务，或监督一个大的地理区域，管理的行业可能涵盖 50 个业务领域中的 4~5 个。通过这一结构设计，仅有 150 人的公司办公室能够与 5000 个相距遥远的利润中心保持紧密联动。

此外，ABB通过分享技术、专业知识、营销战略和分销网络，利用每一个机会将其业务连接起来，同时仍然保持每个运营公司本质上的地方性质。ABB遍布全球的公司真正统一了绩效标准和战略目标。按巴列维所说，这是在大与小、全球与地方、集中与分散之间不断平衡。这是一种非常复杂的连接模式，是本土企业的全球联盟。

虽然分组决策为组织设计奠定了基础，但随后发生的有关连接机制的决策同样重要，由分组流程创建的不同业务单元间若要实现有效协同，这些决策必不可少。

连接机制还包括如联络员角色一般的简单设置，也包括更复杂的方法，如ABB的矩阵系统。无论其形式如何，功能本质上是相同的：提供任何必要的渠道，让信息在按分组分开的人员和单元之间自由流动。这些信息处理需求将根据每个分组之间存在的信息共享需求而变化。管理人员面临的挑战是设计适当的连接模式，以最少的人力、时间、金钱和其他组织资源来创建最清楚的信息渠道。

在第5章和第6章中，我们已经列出了设计分组和连接的基本模块。现在是时候将这些理论概念应用到设计组织和业务单元的实际工作中了。在第7章，我们首先会讨论公司层级的组织设计，并探索一些正在开发的新架构形式，以释放组织未被利用的竞争优势。

第7章

公司层面的组织设计

1992年的施乐：新架构

我们在第2章中提到，在1991年，施乐启动了长达一年的再设计流程，旨在实现其作为"文档处理专家"的战略目标。公司的设计意图很明确：施乐必须更加以客户为中心，产品开发、客户服务等都必须加速，员工要对产品和服务的开发和交付更有担当，必须通过释放员工的创造力、激发创业精神来提升生产力。

在再设计早期阶段，有一点显而易见：对施乐来说，再来一次周期性、渐进的重组无济于事。再多的修修补补也无助于旧有的组织实现新战略。施乐需要全新的架构，新设计将是颠覆性的，基于新结构、新流程、新的分组和连接模式、新的管理和执行方式。最后，施乐将传统的职能结构（见图2-1）转变为一个由独立的端到端业务单元组成的组织，这些业务单元由三套共享的流程连接（见图7-1）。这一组织结构的基础是包括个人文档产品、打印系统和高级文档服务在内的九个业务部门，以产品和用户为基础进行细分。从产品开发到销售和服务，每个项目都由一名公司层面的高管负责。与此同时，施乐也在寻找将其传统优势领域转化为收益的方法，在有需要的地方，与独立业务单元共享资源。因

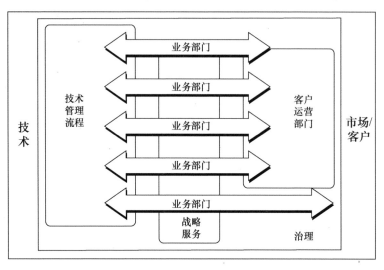

图 7-1 1992 年施乐组织结构图

(注：有九个业务部门，分别为个人文档产品、施乐工程系统、X-Soft、办公文件产品、办公文件系统、办公生产系统、打印系统、施乐商业服务、文件解决方案)

此，技术、制造、战略规划和客户运营（销售和服务）这一套流程，用来提供规模效益，并通过签约的方式将这些领域的服务提供给每个业务单元，避免重复配置资源。由于解散了许多原有高度集权的决策机构，经营业务单元的高管获得授权，可自行做出大多数决策，所以大幅削减了公司总部的职能员工。实际上，公司总部将重点从对职能运营的严密控制转移到与一体化、半自治业务单元的战略协同。

从很多方面来说，这种变化对施乐及其员工来说都是痛苦的。公司最高管理团队的一位成员坚信，若将庞大的权力和责任从总部办公室转移给每个业务部门的领导者，公司将完全无法管理，最后这位高管离开了施乐。如果在过去，一些管理者会是热门新职位的有力竞争者，而现在，组织中有些级别较低但展露出更高潜力的人获得了这些职位，他们具有业务部门总裁这一角色所需要的创业家精神。不过，施乐清楚，要想成功地充分利用其竞争优势，需要有一个激进的新架构，包括从根本上改变管理者角色。

公司架构的模式

公司层面的组织设计，本质上是组织的总体架构框架，在过去相对简单。我们已经看到，传统的组织由参与产品开发、制造和市场营销的职能业务单元组成。根据每一分组的工作与其他分组的工作相匹配所需的相互依存程度，管理层建立起一系列连接机制来协同这些分组的工作。

此外，还有一个潜在的假设，即"大即美"和"越多越好"。许多公司默认的当务之急是扩张：增加新部门，将外部职能引入公司内部（如通用汽车引入工程、制造以及后来引入但并不成功的数据处理），收购更多的子公司，拓展越来越多的业务领域。

这一趋势在 20 世纪 90 年代出现了明显的逆转。越来越多的控股公司发现，狼吞虎咽般地纳入许多不相关的新业务之后，因远超出了自身的运营能力，公司开始消化不良。公司可以通过战略联盟来试水新市场和新技术，而不需要进行高风险、昂贵和费尽心力的收购，这一点越来越明显。包括施乐在内的许多公司都开始认识到，通过重新思考组织内部运营的方式，可以释放出尚未挖掘的竞争力。

在 20 世纪 90 年代末，越来越多的人认识到，在很多情况下，公司"越小越美"。在 20 世纪 90 年代中期，这一趋势成为美国企业界的主要驱动力量，AT&T、康宁、梅尔维尔和戴等公司自行将关键运营活动拆分为独立业务。不那么引人注目但更为常见的是重组，如施乐的案例所示，将企业重组为范围更小、重点突出的业务单元，摆脱集权化决策和行动迟缓的官僚机构。

在这一章中，我们将重点关注这种新兴的企业层面的组织设计，以及它是如何产生新架构的。这些新架构不仅显著地改变了公司的内部结构，而且创造了超越公司传统边界的新设计。我们并非认为这是企业层面设计的唯一形式，或对于每家公司都同样适用。但事实是，大多数传统职能型组织和旧式的 ITT 工业公司风格的大型联合企业的管理者已经有了概念化模型，且有意无意地按照模型运作。我们意在解释一些更新、更复杂的公司架构理念，希望管理者习得这种新视角后，能够更好地认识到组织中尚未挖掘的竞争优势所带来的机遇。

让我们首先设想企业层级的一系列架构（见图 7-2）。箭头的一端是集成型公司，也就是传统组织，这种结构是施乐在 1990 年具有的特征。从本质上讲，这是由不同的职能分组组成的单一业务体，一个分组开发产品，另一个生产产品，第三个分组销售和服务产品。这种结构涉及我们在前几章中讨论过的协同和控制问题，基本上是关于如何将一系列内在相互依存的流程连接起来。

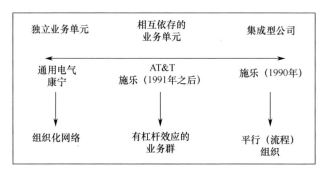

图 7-2　组织架构的连续演变

在箭头的另一端是组织化网络，由独立的业务单元联盟组成。通用电气就是典型的例子。它旗下公司的业务几乎没有共同点，产品涵盖灯泡、家用电器及喷气发动机。通用电气还拥有传媒巨头 NBC（美国全国广播公司）和金融巨头通用资本。通用电气的各家公司在不同市场上运营，拥有独特的技术和独立的基础设施。

组织化网络的典型特征是松散连接和紧密连接的结合体。一般来说，除了在管理人才、获取资本和通用技术这几个可以共享资源和有杠杆效应的地方外，不同业务都是松散耦合。如第 6 章所讲，ABB 显然是作为一个组织化网络来运行的。其 300 家公司基本上都作为独立实体进行运作，主要通过管理流程和支持流程以及非正式的技术分享，与总部机关和其他公司连接在一起。

组织设计的发展状态介于集成型公司和组织化网络之间。这是施乐在 1992 年采用的架构，即相互依存的业务单元间保持一致性。在施乐，业务单元各自追求不同的细分市场，同时得益于因资源集中、流程共享和集中协同形成的规模经济。这些新设计的基础是对组织架构的两个基本概念的日益重视：聚焦和杠杆。

聚焦和杠杆

首先来看聚焦的概念。这直接关系到一个概念：任何企业都是由一系列基本流程组成的价值链，是指将基本的技术和材料转化为能够在市场上出售的商品的整个过程。按照从组织的"后端"到"前端"的顺序，这些流程通常包括构思、设计、开发、生产、市场、销售、分销和支持。价值链上的每一环或对价值链有贡献，或从中受益，但在大多数情况下，是二者兼具。如图 7-3 所示，技术向市场移动的过程是从左往右或从后往前。链条的最右边代表与客户的互动，由于这是链条中提供最多创新的部分，我们将其称为"前端"。在传统的集成组织中，价值链中的每一流程都被归入一个有明确定义和严格结构的职能"竖井"。每个业务分组从价值链上的前一个单元获取输出，再将其转化为下一个单元的输入，每个单元都聚焦当下，聚焦内部，都专注于自己的工作，产品到下一环节后发生的事情就是别人的职责了。

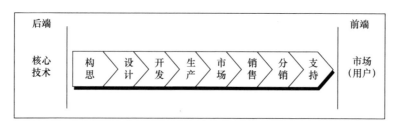

图 7-3 价值链（摘自 Michael Porter 所著 *Competitive Advantage*，The Free Press，1985）

如施乐采用的相互依存的业务单元等新架构，使得公司内部的每个业务单元从端到端或从前到后都对整个价值链负责。例如，生产台式复印机的业务部门负责一切工作，包括与研发部门合作开发复印机的新功能、设计招徕新客户的营销策略等。这就是我们所说的"聚焦"，即通过让一组人对价值链中的每个要素都担起有效责任，来获取收益。

施乐等公司的经验表明，将一个庞然大物般的公司拆分成更小、更相互依存、高度聚焦的多个单元，可以为公司带来一些优势。首先，有了更小、更聚焦的单元，可让业务与客户靠得更近，激励员工专注于特定的客户和细分市场。权力下放通常意味着更快的速度，因为决策可以由直接参与行动的人做出。同样，这些业务单元也得益于免受中央计划所导致的官僚化限制。而且，责任也变得分明起来，不像在职能型结构中，由于价值链中的上下游环节各司其职，经常导致责任模糊而难以界定。

聚焦的单元为在其中工作的员工及整个组织带来诸多收益。对许多人来说，运营的责任是一种激励，他们渴望因自己的主动性、创造性和进取心得到奖励。在大多数情况下，为解决问题和寻找机会，团队的作用得以凸显，而非仅以某位领导为主。一般来说，团队的独立性更高，工作的挑战会更大、内容更丰富。

推动新设计的第二个架构概念是杠杆，即从组织共享的公共资源中获得规模优势的能力。比如，在基本设计、基本技术、生产能力、分销网络或客户运营等方面实现规模优势。

以明尼苏达矿业与制造公司（简称 3M 公司）为例。3M 的经验表明，该公司擅长寻找方法，使得各业务单元以五花八门的方式运用公司的核心技术。在 1964 年，3M 为透镜式投影仪开发镜头，开始在微复制领域拥有基础技术，微复制指在物体表面覆盖数以百万计的微小结构，从而使其表面拥有各种特性。自那时以来，这种技术已经应用于紧固件、专业电影、黏合剂、只读光盘、高速公路车道荧光标记、X 射线扫描等产品。至今，产品的种类还在丰富，在 1995 年仅这一项技术就为 3M 创造了 10 亿美元的销售额。

还有道琼斯公司（Dow Jones & Company），它引领新闻行业，用创新方式重新包装和销售同样的新闻和广告。道琼斯汇集了新闻采编、广告销售业务，在某些情况下还承担旗下各类业务的相关制作，在一系列产品的编辑和广告产出上循环利用这些资源，其产品包括《华尔街日报》、《美联社-道琼斯》新闻服务、《亚洲华尔街日报》《华尔街日报·欧洲版》《全国公司就业周刊》、亚洲商业周报，并将其复用于电台报道、传真新闻产品以及定制的在线新闻和股票报告。道琼斯不断寻找新的方法利用其基础技术，即汇集和处理商业新闻和商业广告的能力。

为聚焦和杠杆而设计

让我们结合聚焦和杠杆这两个概念做进一步分析。在成功实现这一组合的组织中，一系列业务单元聚焦于特定的细分市场，既具备小公司的创业速度、效率和以客户为中心，又结合了通常只有大公司才有的规模经济。因此，对于组织架构的设计者来说，问题变成为了获得竞争优势，要识别出潜在的杠杆来源，将这一来源与业务聚焦的独立业务单元成功地结合起来。一般来说，从价值链的"前中后端"视角出发，组织中有三个部分可视为潜在的杠杆来源（见图7-4）。

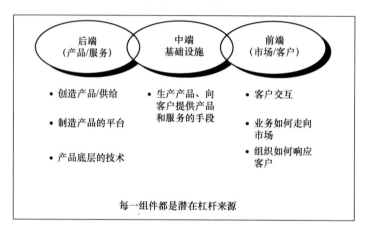

图7-4　有杠杆效应的业务群中三大潜在杠杆来源

第一，一个潜在的杠杆来源是"前端"，涉及将产品/服务推向市场和与客户面对面交易的组织流程。例如，市场营销、客户服务和销售等。施乐在美国和欧洲向来拥有最高效的销售队伍。在1992年施乐的重组中，施乐为九个业务单元各创建了一个独立的销售团队，当面对同一客户进行销售时，每个业务单元的销售都代表着施乐，经常不期而遇，这样的设计并不合理。客户服务亦是如此，无论是由施乐内部九个业务单元中的哪个单元设计和生产出设备，一个服务团队就可以解决客户的问题。

第二，通过共享技术和标准化生产"平台"，即产品和服务的创造过程，组织的"后端"也有潜在的杠杆作用。施乐曾经让六个不同的业务分组彼此完全隔绝，却做着同样重要的工作：设计键盘。出于同样的原因，在20世纪80年代，通用汽车公司有五条产品线在制造基本一模一样的汽车，消费者几乎无法区分，公司仍花费数百万美元，允许旗下的雪佛兰和相似车型庞蒂亚克继续进行相差无几的设计。这两家公司都浪费了本应高效利用的技术、专业知识和生产能力。而本田推出的高档车讴歌使用的底盘、技术和许多部件与中档价位的车型雅阁相同,这是利用"后端"的例子。凭借相对较小的投资,本田推出了一款全新的产品,使其首次能够在高端汽车市场上展开竞争。

第三,一些组织发现了利用"中端"的机会,中端即组织用来向客户交付产品和服务的流程和机制。施乐每时每刻都在世界各地运输成千上万的机器、零部件和组件。让九个业务单元分别处理采购、库存、物资和设备的运输,既成本高昂,又会产生重复工作,并失去批量折扣可能节约的成本。因此,施乐通过名为集成供应链的系统来提供有杠杆作用的集中式服务,为九个业务单元提供服务和资源,令规模较小的竞争对手望尘莫及。

这些杠杆点的每一个,都可以或单独或组合起来,提供一系列设计选项。让我们来看一些例子:

- 利用前端的杠杆效应。20 世纪 90 年代初,总部位于美国印第安纳波利斯市的制药公司礼来进行了一次重大重组,公司放弃了一些维持多年的边缘业务,以将资源集中在礼来相信其可以成为世界级竞争者的领域。为了将业务单元集中在特定的细分市场领域,礼来重组为五个按病种分类的业务分组,每个分组专门开发针对特定医疗市场的药物,如肿瘤或中枢神经系统疾病(见图 7-5)。礼来的业务分组显然专注于为医疗市场的特定细分领域提供产品,但通过将五个分组的所有销售人员合并为一个销售团队,他们在整个医疗领域都拥有了经验和关系,这一具有杠杆效应的设计帮助礼来获得了竞争优势。

- 利用后端的杠杆效应。在被拆分为朗讯科技之前的几年,AT&T 的网络系统集团重新评估其战略目标,认定其以产品为基础的传统结构已不能满足许多客户的需求。过去,公司的每个部门都专注于生产电信网络的特定组件,即交换设备和传输设备、电缆、

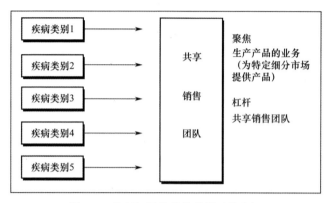

图 7-5　具有杠杆效应的前端（礼来）

计算机操作系统和软件。但随着时间的推移，集团逐渐发现，最大的增长潜力在于客户，即外国政府和除 AT&T 之外的电信供应商都希望有一家供应商能够为他们设计系统、安装系统、提供服务，在某些情况下，甚至能够为他们运营整个系统。因此，重组后的网络系统集团由多个产品业务单元（Offerings Business Units，简称 OBUs）组成，以利用其"后端"杠杆效应，OBUs 为各组件提供技术平台，这些组件可以进行个性化定制，以满足特定的客户需求（见图 7-6）。

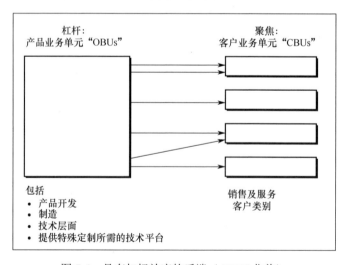

图 7-6　具有杠杆效应的后端（AT&T 北美）

在组织的"前端"则聚焦于客户。多个客户业务单元分别针对不同的地理区域和电信行业细分市场，基本上可以选出合适的、由OBUs提供的现成部件，设计出满足客户特殊需求的系统。其目标是成为整个电信行业的系统提供商。讽刺的是，由于不断放松管制，在提供电信服务方面，AT&T 通信系统的客户（如贝尔地区公司）不可避免地成为了它的竞争对手。在这种内部战略冲突的驱使下，AT&T 决定将网络系统集团、几个较小的部门以及贝尔实验室的大部分业务分拆出来，组成一家独立公司——朗讯科技。

- 利用中端的杠杆效应。这种设计在金融服务行业的公司中越来越普遍。由于关注产品和客户，前端得以聚焦，同时，通过提供诸如外汇市场和投资组合管理等专业核心服务，后端也得以保持聚焦（见图 7-7），因而前后端都能从聚焦中获益。杠杆则来自于基础设施的特殊优势，例如，卓越的网络、出色的分销系统或独特

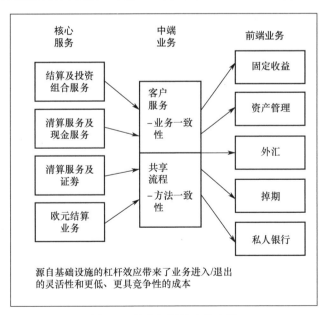

图 7-7　具有杠杆效应的中端

的技术。这些组织设计需要高度警醒,以确保"中端"仍然保有灵活和可用的资产,而非僵化成官僚主义的泥潭,导致偏离对核心服务和前端客户关系的聚焦。

- 利用前后端的杠杆效应。这就是施乐的架构。施乐通过九个独立的业务单元保持其产品聚焦,又汇集前端和后端的通用技术和遍及全球的销售力量,把这些资源作为杠杆加以利用(见图 7-8)。独立业务单元的创建带来了全新的经营方式。例如,一个专注于简单、低端商用产品的新单元,通过折扣办公用品连锁店吸引新客户,而不是借助于施乐的销售团队独家销售,从而取得了巨大的成功。新的商用服务单元提供了整个文档系统的安装、操作和服务,本质上是为公司提供外包文档处理操作的机会,单元因而蓬勃发展起来。在过去,销售硬件的人员会视这种服务为竞争对手,但在新施乐,公司将这种服务视为开创和把握了全新的市场。

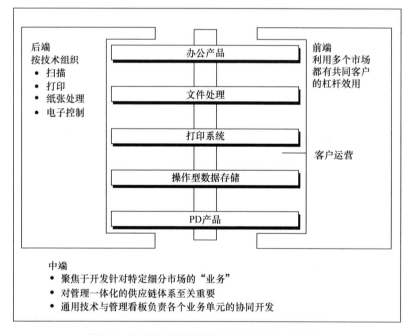

图 7-8 从前端到后端利用的杠杆效应(施乐)

- 微企业单元。计算机网络硬件和软件生产商太阳微系统公司是一个最极端的例子，它将单元的杠杆效应发挥到极致，将价值链上的每一个要素都单独拎出来，分析其在大型公司内部和独立运营方面的潜在价值（见图 7-9）。结果，各个业务单元都被架构为独立企业的形态，一边利用广泛的客户和供应商关系所带来的规模优势，一边着力寻找新的客户和市场。

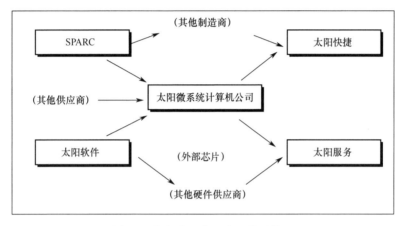

图 7-9　组织化网络（太阳微系统）

太阳微系统公司的价值链始于 SPARC 技术业务公司，它负责设计和制造核心的微处理器。但是，若只为太阳微系统公司这一个用户生产和提供芯片，SPARC 难以实现如英特尔般大规模生产商的规模经济效应和较低的生产成本。因此，SPARC 除了供应太阳微系统公司外，还在市场上向许多客户销售芯片。类似地，开发 Java 和 Solaris 等软件产品的太阳软件（SunSoft）公司也开始向其他公司出售产品。（其实，太阳微系统公司一直在向客户大量赠送 Java 和 Javascript，以使其软件成为互联网网站设计人员的标准产品）。

太阳微系统的芯片和软件由太阳微系统计算机公司组合并包装成计算机，由太阳服务（SunService）提供全方位的系统支持、系统集成和信息技术咨询。太阳快捷（SunExpress）则通过直销的方式，销售太阳微系统等公司生产的硬件和软件。

这些由市场驱动的松散附属关系构成的企业，其风险就在于组织结构模式内在的不稳定性。例如，在太阳微系统公司中，五个独立、积极进取的业务单元都在相关业务中寻找新的供应商和客户，这增加了与其他公司发生冲突的可能性，例如与合作伙伴、供应商、客户或竞争对手。我们之前举的 AT&T 公司的例子便清楚地说明了这个问题。当 AT&T 的一个部门极力和贝尔实验室合作竞标一项业务时，AT&T 的通信服务业务部门则将客户视为竞争对手，并阻止了这笔交易。由于放松了管制，传统的组织边界受到侵蚀，战略的两难困境肯定会激增。

虽然有着杠杆效应的独立业务分组有着压倒性的优势，但考虑选择这一架构的组织会面临几个重要的挑战。首要挑战是如何正确地定义业务单元，即如何确定产品、流程和核心技术的逻辑组合。其次，一旦基础架构就位后，组织仍然会面临第 5 章和第 6 章中的分组和连接设计问题。

最后，组织面临的最大设计挑战，是在不削弱业务单元独立行动能力的情况下，如何在业务单元间进行连接。换句话说，在不对业务单元进行严密控制以免失去以客户为中心、失去速度等预期利益的情况下，如何在所有分组之间保持必要的一致性？随着这种新架构形式的发展，"极度一致和松散控制"的问题将变得越来越关键。

战略联盟：超越组织边界的设计

近年来，许多组织明显趋向于在一些有独特能力的价值链要素上下工夫。换言之，在一些不具有独特优势的流程和活动上，许多组织更加不愿意花费时间、精力和资源。

一个显而易见的结果就是外包行业的巨大增长，尤其是在对公司的核心产品影响无足轻重的领域。从价值链视角来看，外包通常涉及组织的中端，即基础设施。例如，在 1994 年，施乐将其所有内部数据处理工作外包给 EDS 公司。但与此同时，受益于外包行业的兴起，施乐赢得了许多公司的业务，这些公司都在寻找外部公司来处理文件生产。

在组织的前端和后端，即涉及客户和基础技术的业务领域，企业越来越倾向于通过合资企业和战略联盟来加强和扩大竞争力。特别是在电信、医疗保健和金融服务等正在经历根本性变革的行业和专业领域，公司在尝试新市场和新技术的同时，正在寻找控制风险的方法。

但我们首先需要知道的是，大多数战略联盟都无法存活太久。经验表明，超过一半的战略联盟在头两年就会陷入困境，而大多数战略联盟存在的时间不超过三年。当中有诸多原因，我们很快会讲到。这些战略联盟本就有风险，往往很短命，浑身有各种缺陷。然而，战略联盟之所以如此吸引人，是因为当这些战略联盟发挥作用时，会变得非常强大，能为组织提供进入新市场和获得新技术的方法，如果不结成战略联盟，组织可能无法获得这些资源。

当然，我们最初探讨的问题是战略联盟是否有意义，以及采用哪种形式最合适。看待这个问题的一种方法，是考虑企业潜在的战略重要性和组织核心能力之间的关系，简而言之，是考虑市场和技术方面的机会和障碍。

以 1995 年的通用电气和微软的境况为例。通用电气及其广播网络公司 NBC 一直在寻找进入互联网的途径，但都无功而返，通用电气的在线服务业务 Genie 四处碰壁。与此同时，计算机巨头微软正竭力搜寻新闻和信息内容，以开展自己的在线服务"微软网络"（Microsoft Network）。在 1995 年 12 月，两家公司宣布成立一家合资企业 MSNBC，经营一个全新闻有线电视频道和一项交互式在线新闻服务。如果这家新公司能成功,对于两家公司的好处都显而易见:核心竞争力在于生产新闻和娱乐节目的通用电气,能获得一个潜在的重要新市场,并可能获得重要的新技术;而在线上市场发展得无比顺利的微软,能立即获得自身无法生产的产品。

换句话说,如果是重要的战略目标,并且可以靠企业自身的能力来实现,那么无论如何都应该坚持自己做。但是,如果企业不具备实现目标所需的技能、技术、生产能力、分销系统等关键能力,那就可能是时候寻找合作伙伴了。

考虑战略联盟在利用新市场或新技术方面的价值,有三个基本的场景可供参考:

场景 1:你正在考虑一个看起来不错的商业项目。对公司来说,涉及的产品或服务是针对全新的市场,需要公司所缺乏的基础技术、技能和经验。涉足这一业务且将风险保持在最低,最明智方式是进行风险投资,与核心业务保持一定距离。如果失败了,除了失去最初的投资,公司什么都没有损失。没有增加员工,没有建造新工厂,也没有中断正常的业务流程。与此同时,你也获得了关于新市场和新技术的宝贵信息,这些信息将帮助你决定是否应该进行更认真的投资。

场景 2:你正在考虑一个利用公司的核心技术、瞄准现有市场的项目。你不需要搭档,想办法在公司内部启动即可。例如,施乐等公司设计了灵活的组织结构,能够根据市场机遇的变化迅速创建或解散独立的业务单元。

场景 3:你正在考虑的项目将利用公司的核心技术来争夺你没有经验的细分市场。或者,相反,你很熟悉的市场需要公司所缺乏的技术。在这些情况下,战略联盟的潜力最大:每一方都能带来一些有价值的东西,但没有对方的帮助,任何一方都不能真正参与到市场中。

第7章 公司层面的组织设计

设计高效联盟

设计和构建战略联盟所涉及的问题极其复杂。我们不妨想想，将单一组织中的战略、工作、员工、组织结构和文化等组件都结合起来，这当中会涉及的所有问题，在战略联盟架构中都将以几何级数增加。

我们可以用物理建筑来做类比。想象一下，两家公司在两栋邻近的办公楼里运营。我们的任务是设计一个小型的新建筑，将二者连接起来一起运营。一家公司所在的办公楼是高耸入云的钢铁摩天大楼，周身为玻璃幕墙，另一家所在的办公楼则是低矮的混凝土结构。新建筑的外观设计是类似于其中之一，还是以某种方式结合两种设计，还是采用截然不同的风格？我们需要使用其中一座建筑的供暖和制冷系统，但一座建筑用电力，另一座用天然气，我们应选择哪一座呢？一家公司喜欢一排排的小办公室和工作区，另一家公司喜欢开阔的工作空间，办公室或墙壁都寥寥无几，我们应采用哪种布局？当开始考虑如何铺设网线和线路类型时，我们发现有一家公司几乎很少使用电脑，他们喜欢用 Mac，而另一家则完全是数字化办公，非常依赖基于个人电脑的复杂网络。那么我们该如何配置新楼的信息系统，使三者可以轻松地相互通信呢？

现在我们更容易理解，为什么投资一位风险投资家比合资企业更有吸引力了。本质上，你只是付钱给某人，由他进行经营，然后定期来向你汇报进展。从组织设计的角度来看，对相互依存程度的要求降至最小，甚至几乎不存在。

考虑到这些复杂问题，经验表明，任何合资企业的潜在合作伙伴在达成协议前，都必须对各自的组织以及期望从战略联盟中获得的共同利益有以下几项基本共识：

- 合作伙伴应该有共同的目标、相似的流程和文化。伙伴关系禁不起价值观、信念和运营方式上的太多冲突，否则就会分崩离析。事实是，虽然这种合作关系可能具有战略意义，但参与的公司可能就是因太过不同，而无法长期紧密合作。
- 需要事先阐明伙伴关系的战略目标并达成一致。
- 合作组织的高层管理者需要具备必需的技能，且致力于实现团队合作和协作。他们需要共同为新企业的运营环境设计结构、流程和指导方针。
- 合作组织的高层管理者在监督项目运行上应该有明确的角色，有严格的问责制。这就需要奖励体系来激励他们与新伙伴合作。
- 只有合作者明确认识到这项工作困难重重、长期成功的机会屈指可数，才可以建立伙伴关系。合作伙伴应为合资企业设定一段合理的孵化时间，清楚在这段时间里要从成功和失败中学习。

合资企业管理架构的设计涉及一些特殊问题。就其定义而言，合资企业是矩阵型组织，又因规定了共担责任的法律问题变得更加复杂。在矩阵结构中常见的复杂性——谁是老板——就是其中一个基本问题，在合资企业的背景下会变得更加棘手。

来自德尔塔咨询集团的查尔斯·S.拉本（Charles S. Raben）提出了两种设计选择，用来构建合资企业高层的汇报关系（Raben，1992）。第一个是所谓的"协作结构"，合资企业的管理者向董事会报告，董事会由各合作公司的高管组成。一方面，这使得双方都能参与到战略决策中来，同时合资企业的管理者在运营事务上可保持相对独立性。但要想奏效，这种协作结构需要在董事会层面的各个合作伙伴之间高度相容和深度合作，否则，由于董事会层面存在尚未解决的冲突，决策可能会深陷泥淖。

如果要提高"协作结构"的成功机会，就必须满足一些基本条件。

其中许多条件与我们之前为成功合资企业列出的先决条件有重叠，包括：文化兼容、目标明确、承诺给予企业预设一段孵化时间、清楚合作伙伴将获得的共同利益。此外，拉本建议，双方需要就解决分歧的流程达成一致，双方都必须尽量少地直接参与经营，合资企业应基本自主自治。

拉本认为，如果合资企业中缺少上述大多数要素，那么第二个"助力结构"型合作关系会发展得更好。在合资企业中，两家公司不再试图保持控制权的持续平衡，而是由一家公司占主导地位，另一家公司则充当被动角色。董事会仍由来自双方的高管构成，但其作用仅限于全面监督。合资企业的管理者直接向占主导地位的合作伙伴汇报。

从运营的角度看，"助力结构"比"协作结构"更简洁、更易实现。然而，主要问题在于被动的合作伙伴通常很难适应这种角色，尤其是在他们和新伙伴都没有什么经验的时候。即使没有积极参与运营，人们还是希望充分了解合资企业的进展。从理论上讲，被动的合作伙伴参与董事会中应该能满足这一需求。但是，即使在最好的情况下，伙伴关系依然复杂、脆弱、危险重重。

康宁的成功蓝图

在合资经营方面，没有一家大型公司胜得过康宁。自 20 世纪 20 年代以来，康宁已创建了近 50 家合资企业，只有 6 家失败。所以，简单回顾康宁为什么要加入和如何有效构建这些联盟，会对大家有所启发。

1996 年，康宁董事长杰米·霍顿（Jamie Houghton）退休。在退休前，霍顿给出了康宁与其他公司结盟的五个主要原因：

（1）获得市场准入：进入新市场或者康宁单打独斗需要很长时间才能进入的市场。康宁的玻璃纤维技术，加上欧文斯-伊利诺公司（Owens-

Illinois）在建筑材料行业的生产和分销优势，使欧文斯-康宁公司（Owens-Corning）获得了巨大的成功，并最终成为一家独立公司。

（2）向下游扩张：通过构建联盟，康宁能够从使用自己的材料或系统部件，进而到提供一套完整的系统。康宁在开发出光纤技术后，于20世纪70年代与德国西门子联手，组建了西科尔光缆公司（Siecor Optical Cable），为全球提供光通信系统。

（3）应用技术：在隆胸填充物问题惹出轩然大波之前，道康宁公司已经将康宁的硅技术用于洗发香波和密封化合物等数千种产品中。

（4）获得新技术：1982年，康宁和生物技术公司基因泰克（Genentech）成立了Genencor公司，这是一家主要从事研发业务的合资企业。通过该联盟，康宁获得了基因泰克公司的重组DNA技术，而基因泰克公司也获得了康宁关于酶和蛋白质固化的知识。

（5）打入目标国市场：康宁为联盟带来技术和产品线，而其海外合作伙伴则提供工厂、销售队伍、劳动力、在目标国的地位和影响力。例如，康宁与韩国消费电子产品制造商三星成立了一家合资电视公司，并为该公司提供显像管灯泡技术。

鉴于其长期高效的联盟和合资企业经验，多年来，康宁制定了一些增加联盟成功机会的基本原则。其中大多数符合我们已经讨论过的一般标准。以下是康宁公司对这些标准的描述：

（1）母公司间在战略和文化方面的兼容性。

（2）除财务投资之外，各合作伙伴间的贡献要具有可比性。

（3）在各自的利益领域一开始没有利益冲突。

（4）两家母公司关键高管之间的信任。

（5）将运营团队与母公司分离，让合资企业的管理层可以自由追求创业精神。

回顾施乐

施乐在 1992 年的重组表明,有一种趋势正在吸引着组织设计者的想象力。我们看到,施乐寻找、发现了一种创造性的新架构,为其主要业务运营提供了聚焦和杠杆效应的双重收益。施乐的每个业务单元都负有端到端的责任,从产品开发开始,怀着清晰的愿景前行,直到面向客户。通过松开束缚,每个业务单元都能在高度聚焦的市场上释放其员工的创造力和竞争精神。与此同时,施乐利用其通用技术,集中销售力量,获得规模经济,为每个业务单元提供重要的竞争优势。

在本章中,我们还看到,随着创造性的组织寻求新的战略联盟形式和其他组织架构的新模式,传统的组织边界逐渐消解。目前,许多新设计仍有风险,不太可能成功,但考虑到潜在的收益,它们仍具有强大的吸引力。

接下来,在第 8 章中,我们将探讨如何使用新设计,从根本上改变组织内部的工作方式。

第8章
运营层面的组织设计

康宁公司：为高绩效而设计

背靠着一条商业街，在美国弗吉尼亚州黑堡镇郊外蜿蜒的山丘上，坐落着美国最具创新性的制造工厂之一。这家工厂属于康宁公司，拥有员工 250 人，其工人们形成了数个自主管理的团队，还有一小队管理人员和技术人员，生产 CELCOR 牌蜂巢状陶瓷部件。这些部件镀上贵金属后，就能吸收汽车催化转换器里的有毒气体。

这家工厂成立了工会，每周 7 天、每天 24 小时运转。但如果你在晚上或周末去那里，很可能在工厂的任何地方都找不到一位管理者。即使在生产高峰期，也很少能在工厂里看到管理者。按黑堡工厂的术语来说，工人是"运营伙伴"。一位工人会负责监督仓储作业，而哪些成品达到了质量标准并可以出厂的决定，则由另一位工人做出。

你可能会碰到一位小时工正在独立完成一个特殊的项目。例如，由无人车载着陶瓷零件穿过巨大的窑炉，路途漫长，这位工人正在研究怎样增加无人车的容量，这样工厂每年就可以节省相当多的费用。另一位工人正在完成为期 18 个月的工作，负责管理所有模具，这些模具有几十种不同形状和尺寸，用于日本、韩国和美国的各种汽车。在工厂的地板上，一名工人正在将成品装箱，他下周可能会在物理性能实验室工作，用精密的设备测试完工样品的强度和耐用性。

然而，尽管黑堡工厂强调的是训练有素的工人队伍，他们积极主动，只需最少的监督，但这家工厂并不会被误以为是短暂的社会实验。这里不是"运营合伙人的天堂"。对岗位和工作流程所做的非传统的设计依然是以追求卓越的绩效、高效的生产力和强劲的盈利能力为目标的，这是黑堡工厂一直以来从未动摇的传统。

黑堡工厂刻画了一个基于新兴设计的制造业运营系统——"高绩效工作系统"（High-Performance Work Systems，下文简称HPWS）。设计的特定要素在不同组织、甚至在同一公司的不同单元都会发生根本性变化。但一般原则不变：将正式的结构和社会化流程相结合，为自主管理的团队提供信息、技能、问责制和激励，实现众所周知的绩效目标，为客户提供价值。

这种设计既复杂又难以管理。对于员工和管理者来说，虽然工作压力大，但回报也高。黑堡工厂的员工一开始就认识到，HPWS没有提供解决工作场所所有问题的灵丹妙药，也没提供一个简单的方案能适用于所有的企业。但当HPWS运用得当时，它可以成为提升生产能力的一个极其强大的工具。从几乎所有的衡量标准来看，黑堡工厂已经成为康宁公司在世界各地40多家工厂中产量最大、利润最高的那一个。

引言

我们在第7章探讨过如何在公司层面追求创新的组织架构，与办公室和工厂中运营层面的新设计相平行。公司层面的设计聚焦于灵活性，模糊了组织内部、组织与外部合作伙伴之间的传统边界，同样，新的微观层面设计抓住了安排工作和业务流程的新方法，以超越传统的分组模式和正式结构。这些设计的共同点是聚焦于实现量子式跃迁,而不是渐进式提高生产力和客户满意度。

大多数管理者熟悉的是组织层面的传统设计模式,他们倾向于以一种相对静态的运营理念去做设计——这一理念之所以能持续如此之久,是因为一直以来,其在许多组织中产生了合乎要求(即便称不上耀眼)的结果。这一模式主要是基于传统的结构,即部门和工作单元的正式结构,它倾向基于活动的分组模式。

然而,近年来,运营设计的重点已经从结构转向了令人着迷的基于流程的设计,这大大增加了对输出和用户的重视。与公司层面设计的相似之处便显而易见。如第 7 章中,新型的公司层面的架构围绕着相互依存的业务群进行设计,对特定业务细分市场承担从后端至前端的责任。在实际工作的运营层面上,新的设计并没有继续将组成每个流程的活动孤立或区隔开来,而是围绕完整的业务流程进行组织,以实现业务聚焦。我们很快就会看到,有一些设计形式更为大胆激进,在赋能团队的工作中融入创新性的想法,激活了存在于工作团队中的人力资源。

我们坚信,源于劳动力状态和现代竞争的本质变化,几十年来构成了大多数组织基础的正式结构和分组的模式,及其相应的传统运营设计,正暴露出一些严重的局限性。因此,与上一章的内容一样,在本章中我们想要关注更新的、某种程度上仍处于新兴状态的设计方法,这些设计已经得到了特别关注。本章的大部分内容都会讨论 HPWS,它构成了黑堡工厂的底层设计。我们还将探讨流程再造,这是一个相对较新的概念,在 20 世纪 90 年代早期广受欢迎。在适当的背景下,若管理者正在寻找截然不同的新设计,上述两个概念所包含的方法可以给予其重要帮助(见图 8-1)。

这两种方法之间有着重要区别。最完整的 HPWS 形式是一个条理清晰、全面综合的设计方法。以建筑作喻，HPWS 是一栋整体建筑的完整概念。而流程再造仅仅是一种带来具体设计改变的技术，是设计创新型通风系统的好方法。但是，如果对其期望过高，认为设计空调的简图可以用作整个建筑的蓝图，流程再造则无法满足如此期望，陷入困境。作为一种设计概念，流程再造高度专注细节，无法解决人类组织中隐含的各种复杂问题。

传统设计	流程设计	HPWS
1. 内部驱动设计	以客户和环境为中心的设计	
2. 模糊的要求	明确的方向和目标	
3. 检查错误	从根源上控制矛盾	
4. 静态设计，依赖于高层管理团队的再设计	重新配置的能力	
5. 高度控制和严格区隔的单元	自成一体的单元	授权和自治的单元
6. 有限的信息流动	不同的信息流	广泛获取信息
7. 狭义的工作	工作范围拓宽，但内容不一定丰富	共享、充实的工作
8. 技术系统占主导地位		社会和技术系统的整合
9. 面向控制的管理结构、系统和文化		授权的结构、系统和文化
10. 控制和限制人力资源实践		授权的人力资源实践

图 8-1　设计对比

随着我们继续深入地探讨，HPWS 和流程再造之间的其他根本性差异将变得分明。但首先，我们必须将这两种方法置于当今的历史背景中，因为我们正面临着重塑组织架构的根本性变革。

变革的根源

传统的组织设计方法兴起于 20 世纪早期，至今仍为大多数美国公司所采用，这一方法受到两个人的巨大影响。在美国，泰勒（F. W. Taylor）仿照工业革命的机器，建立了一种组织的"科学"模型。这种方法被命名为"科学管理",是基于重工业生产线所特有的设计原则:将专业化工作分解为范围狭窄的工作,将工作的具体内容分解为最小化的任务,相同任务不断重复,从而使工人不须做出任何判断或决定。

在欧洲,德国社会学家马克斯·韦伯(Max Weber)较早地提出了当时较为激进的"官僚主义"理念。这一管理设计基于正式程序、清晰的指挥链和基于绩效和技术专长的人事决策。就像19世纪德国文官和军事官僚机构所体现的那样,这一概念代表了一种超越传统等级制度的显著进步,传统等级制度根植于裙带关系、政治和制度化的腐败。

这两种思想结合在一起,形成了一种新的组织架构:"机械官僚制"。因为生产力由此得以显著提高,机械官僚制很快成为工业企业和大公司的主流设计方法,直到今天仍然如此。事实上,这种模式非常普遍,大多数熟悉这一模式的管理者都自然而然地将之视为设计组织和工作的不二选择。

但机械官僚制的成功所付出的高昂代价,随着时间的推移愈发明显。任务狭隘、刻板、重复,缺乏多样性、创造性和激励因素,导致员工异化。严格执行的分组,致使协作困难重重。层层官僚机构剥夺了管理者获得信息和决策的权力,造成发展瓶颈,导致组织瘫痪。

到了20世纪中叶,机械官僚制明显受制于一些与生俱来的缺陷。首先,设计的目的是为了管理稳定的情况。但随着变革步伐的加快,传统官僚机构变得功能失调。当周遭充斥着不稳定因素时,这些机构便无法迅速调整方向,身处变革前线的人们缺乏承担风险和做出大胆决策所需的权力、信息和文化支持。

其次,这一设计假设适用于没有受过教育、完全由经济需求所驱动的劳动力群体,而无法激励寻求成长、挑战和成就感的员工,这些员工在当前的雇主无法满足自身需求时,就会跳槽。

最后,随着时间的推移,机械官僚机构往往会变得更加狭隘、复杂和迟钝。这些机构陶醉于成功，得意忘形，逐渐脱离市场，并将注意力转向内部事务，不可避免地助长了其强大的官僚主义。

组织设计的新方法

从 20 世纪 40 年代开始，这些固有的局限促使管理者和学者开始在新的方向上思考。他们以对两个关键原则的信念为基础：第一，大多数人从根本上想要生产高质量产品；第二，团队有巨大的协作潜力。在接下来的几十年里，人们试图将充实丰富的工作、团队建设和参与式管理等要素叠加到机械官僚制的框架中。总的来说，这些尝试都未能取得显著、持久的结果。仅简单地在旧设计中嵌入太多的结构和文化力量，无法使创新生根发芽。

大约在同一时间，英国塔维斯托克研究所（Tavistock Institute）的研究人员正在开创性地研究新技术如何提高绩效。他们在 20 世纪 40 年代末到 50 年代的工作表明，只有当技术系统的设计与组织的社会系统一致时，引入新技术才会产生颠覆性的结果。这项研究为后来的"社会技术系统"方法奠定了基础，这种方法与围绕"一个萝卜一个坑"构建工作系统的概念背道而驰。

从 20 世纪 60 年代到 70 年代，社会技术系统的实践多数是在美国以外，根据实践经验，理论家们阐明了五个原则，这是其方法的关键（Hanna，1988；Cherns，1976）。30 年后，以下原则仍然至关重要：

（1）最小化规则。只有那些对成功至关重要的规则和工作流程才应明确规定。

（2）偏差控制。对于偏离要求的工作，应在发生偏离的现场进行监测、识别和纠正。

（3）多种技能。每位工人都应该熟练掌握多个技能，以实现多样性和灵活性。

（4）边界的位置。相互依存的角色应该在同一分组中，有着共同的结构化边界。

（5）信息流。信息系统应该把信息传递到人们工作和解决问题的地方。

随着时间的推移，社会技术的设计经验不断丰富，产生了两个洞察。首先，能够高效实现自主管理的团队有着巨大的潜力，这种团队将自主决定流程和工作流。在20世纪70年代，这种被称为"自治工作团队"的方法渐渐流行于欧洲。其次，在20世纪60年代到70年代，设计者们开始意识到，之前许多社会技术工作都聚焦于内部。他们认为，最有效的设计是从外部或"开放系统"的视角出发，聚焦于客户、供应商和竞争对手。他们相信，真正有效的设计不是只专注于内部效率，而是始于评估外部环境的需求和机遇（Lawrence & Lorsch，1967）。

渐渐的，设计者们开始在更大的领域内试验社会技术设计的概念，例如在整个生产经营活动中。到目前为止，"空白地带"的设计开发最为成功，即在新工厂或办公室中从零开始融入这些概念。此外，人们越来越认识到，这些概念要求整个组织架构进行改变，即调整正式和非正式结构和流程的配置，这些机构和流程影响着组织及其人员执行工作的方式。新设计的基本概念包括以下特征（Lawler，1986）：

- 员工选择：员工共同决定谁会在什么条件下参与工作。
- 设计工作场所实体布局：员工参与实体工作场所的布局设计。
- 工作设计：在团队中，以鼓励自主性、多样性、反馈和成就感为目的，设计个体工作。
- 薪酬系统：将奖励与个人拥有的多种技能、团队的集体业绩以及实现组织的整体目标清晰地联系在一起。
- 组织结构：扁平化的层级结构、自成一体的自治单元和自主管理的团队。

- 培训：在员工培训方面进行大量投入，培训内容包括技术能力、团队合作和解决冲突等社交技巧。
- 管理哲学：明确的伙伴关系，管理层和员工有着共同目标。

在 20 世纪 80 年代，社会技术系统、自治工作团队、开放系统、参与式管理甚至质量管理的一些基本概念等，各种设计思想都汇集在一起，结果是一个全新的组织架构方法崛起了。

驱动这一体系结构的新要素是不断增长的竞争需求，其要求公司提高自身生产力、质量和以客户为中心。新结构的材料是自主管理团队以及信息技术的爆炸式发展，自主管理团队已经屡经考验，信息技术的发展又起到很好的辅助作用，各层级的员工都能获得决策和判断所需的信息，首次实现真正的员工授权。配套的技术是新的管理实践和人力资源流程，能保持选拔、培训、激励和奖励员工的方式与新设计一致。新要素、新结构的材料和相关技术等关键因素相融合，促进了新组织架构 HPWS 的发展。在最基本的形态上，HPWS 是一种将工作、员工、技术和信息结合在一起的设计方法，可以最大限度地使各要素达到良好"契合"，从而实现高绩效。HPWS 强调内部契合是满足外部需求和把握机会的关键。它既有关设计，也涉及流程，通过这一流程，组织可开发其自有的特定版本。

黑堡工厂：实践中的 HPWS

解释 HPWS 概念的最好方法，或许是描述其实际上是如何运作的。关键是要明白，HPWS 不是由一组形态上完全相同的特定结构和流程组成。相反，它是一种概念性的设计方法，但也涉及一些基本原则。在下文中，我们将描述康宁的黑堡工厂是如何在实践中应用这些原则的。请记住，这也只是为了方便诠释起见。HPWS 的关键原则之一就是，每个组织必须设计与自身工作和文化相一致的版本。

以下是我们认为的 HPWS 十大基本原则：

1. 设计始于聚焦外部，从客户需求出发，由外及内开发合适的组织形式和工作流程。 HPWS 的强大不来自于修补现有的问题，而在于寻找全新的组织员工和工作的方法，为客户提供实质性的利益。以康宁为例，公司在 20 世纪 80 年代末决定，需要建设第三家 CELCOR 工厂，满足不断增长的需求，新工厂必须能够持续应用先进技术。随后，公司决定启用黑堡工厂进行生产。这家工厂曾生产燃烧木柴的炉子所用的炉头和玻璃，停止生产后便于四年前关停了。在探索配置工厂的新方法时，康宁的管理者们开始研究其他工厂，并考虑使用社会技术系统来提高其生产力。在工厂设计中纳入 HPWS，是响应创新和生产力的竞争需求。

作为生产 CELCOR 产品的工厂，黑堡工厂已经迎来第八个年头，以客户为中心仍然是黑堡工厂经营理念的一个重要组成部分。由运营伙伴（即前文提及的小时工）与客户直接会面讨论质量问题的场景并不罕见，有时他们还会参观 CELCOR 产品运往的工厂。事实上，在"模具"出厂前对其进行最后检查的员工，会在每一箱产品上贴上自己的个性化"Quapple"印章。（Quapple 象征"一等品"，风格鲜明，长得像苹果，让人想起康宁来自纽约州北部。）如果任何来自黑堡工厂的货物收到客户的抱怨，在箱子上盖章的员工必须亲自回应。

2. 工作设计围绕松散耦合、自主管理的单元，这些单元负责生产完整产品或整个流程。 由工人组成的团队构成了黑堡工厂设计的核心。他们承担的许多监督管理职责，原本常常由一线和较低级别的管理者负责。工厂的管理只有三个层级，其中包括工厂经理，相比之下，在类似的工厂有 5 个或 6 个层级。

大部分黑堡工厂的运营伙伴会分成 12～14 人大小的团队，每个团队在 12 小时轮班期间负责三条生产线中的一条。CELCOR 产品的生产流程主要包括六个步骤：混合和压制原材料，使用强力锯打造陶瓷部件，在窑中烧制，最终检验和包装，在物理性能实验室测试样品，运输和接收。换句话说，该团队负责产品从进入工厂到离开的流程中的每一个环节。

每个团队负责组织和指导自身的工作，实现具体的绩效目标。团队自主进行生产排期、任务分配和绩效回顾。根据团队成员所接受的技术培训，团队成员将轮流分配到几个职能上，一般来说，每个人都会得到认证，有资格从事六种工作中的两种或三种。在每个团队中，自愿接受特殊培训的成员担任"协调人"，负责排期、安全和其他行政事务。生产线上没有领班或主管，只由三个管理生产线的"领导"，全面监督实际情况，享有最终决定权。但在日常工作中，他们和各类技术人员以及专家都是团队的"资源"，工作很少受到监督。

3. 工作必须有明确的方向、明确的目标，以及对产出要求和绩效衡量标准的充分理解。黑堡工厂的员工拥有大量的信息。生产线上的工人非常清楚组织对他们的期望、当班期间需要处理多少件产品，以及在任何给定时间内，工厂作为一个整体在各种绩效指标上的表现。由于绩效激励可以带来相当于员工基本工资 13%的奖金，团队不仅对自己成员的绩效表现胸有成竹，对其他团队的表现也了如指掌。在每次轮班时，下班的团队和准备接班的团队之间都会有一个简短的"交班"会议。

有趣的是，尽管整个工厂都强调信息和目标设定，但在黑堡工厂，其他一些工厂中用于记录生产进度的看板基本已经消失。随着授权的观念愈发深入人心，团队也开始有更强的领地意识。许多工人很清楚车间的生产量，认为看板主要是对偶尔到车间看看情况的管理者有用。而工人们意识到这些信息属于自己，逐渐不愿意分享。

这种情况是正常信息流中一个有趣的转变。在这种情况下，工人才是拥有信息的一方，并且以自己的方式保护信息，力度不逊于任何传统官僚。此外，这种情况清楚地表明，在管理层特权和员工授权相互摩擦的灰色地带，本质上存在着永久性的紧张关系。这种紧张程度虽然低于大多数工厂，但仍然存在。

4. 应该在源头发现和控制偏差，而不是在工作现场之外检查偏差。在整个黑堡工厂，质量管理的基本要素都显而易见。生产线上的质量检查分几个阶段进行，包括直观检查和精密的激光及电子秤检查。此外，在物理性能实验室，团队成员会根据从出炉的无人车上提取的样本进行一系列测试。当发现缺陷时，团队成员可以追根溯源快速地确定流程中何处出现了问题。每个团队都有义务定期监测，以保持其工作质量的一致性，这是基本共识。

5. 社会系统和技术系统紧密连接，设计一个系统时会考虑到另外一个系统，以产生最优绩效。这是设计的核心，也是设计者面临的主要挑战。经验一次又一次地表明，当 HPWS 的个别要素以某种方式融入传统的组织设置中，总是会出现障碍。这是因为正式的结构、工作流程和社会系统都必须相契合。一些工厂曾尝试在常规操作中建立一到两个黑堡式的团队，但收效甚微。如果没有适当的工作流程、激励和奖励系统、选拔、培训、信息流和全心全意的管理层支持，这些先锋队就很难取得多大进展。

黑堡工厂则致力于整合整个运营系统。从选拔流程开始，现有员工在识别和甄选适合工厂特定环境的新人方面起着关键作用。所有人力资源系统都是为了培训和奖励员工在高效的团队中工作。管理者坚信并积极支持这一理念。

此外，基础性工作的性质也非常适合这种团队设计。工作可以被组织成一个连续的流程，团队之间所需协同相对较少。工厂里的每个人都要生产和运输同一产品的几种版本。黑堡工厂并非一个巨大的装配厂，其中没有数千个零部件，不需要数百种工艺，不必以几十种设置方式完成成型、连接、组装工作。相反，黑堡工厂在每一个流程都只生产一种重要产品，允许一个团队从头到尾完成流程。

工厂的实体设计也起着重要的作用，它与团队设计同时展开。在一个普通工厂里，甚至在康宁传统的 CELCOR 工厂里，产品沿着一条漫长而连绵不断的装配线移动，工人不可能知道产品经由自己处理之后，接下来的环节是什么。而在黑堡工厂，每条生产线的形状通常都像一个逗号。从未成形的陶瓷料从搅拌器里流出，到最终检验和包装，整个生产团队几乎能看到整个流程。

这种实体布局非常重要。首先，团队中的每个人都有清晰的视角和成就感，他们总能够看到下线的成品。其次，其他员工可以很容易地发现遇到问题或者寻求帮助的团队成员，在这种情况下，其他团队成员会自愿离开岗位提供帮助，直到问题解决为止。最后，这种可见性使团队成员能够清楚地了解身边同事的状态和工作习惯。但这对另一些人来说，可能很难接受。

黑堡工厂的一名员工告诉我们："不是只有一个主管盯着你，而是有 12 位同事，他们在数你上了多少次厕所，花了多长时间吃午饭。一段时间后，有些人会觉得压力很大。"事实上，比起传统意义上的老板，同事往往更严格。

6. 所有相关信息畅通无阻地流向需要信息的人，这是 HPWS 设计的关键。如前所述，黑堡工厂的工人对各种机密和竞争信息都了如指掌。事实上，他们中的任何一个人都可以登录工厂电脑，并立即获得几乎任何运营信息。除了数字，员工还能接触到大量其他信息，包括公司的状况、影响黑堡工厂供应商地位的汽车行业发展态势，甚至还有商业融资方面的一般培训。

信息的流动发生在几个层次上。我们提到，下一班团队与上一班团队会在接班时简短地碰头。每个团队还会在每班工作结束后单独开会，讨论当天的情况。一般来说，会议都很简短，有时可能会针对特定的问题、特殊项目或即将到来的紧急工作进行长时间讨论。除此之外，工厂经理会定期与所有团队开会，讨论黑堡工厂的运营和整体业务状况。

于是，所有团队对整体运营情况都有足够的了解，可以做出相当范围内的决策。在某些情况下，员工拥有的知识之广度令人惊叹。知识最丰富的一位小时工曾执行过全厂的特殊任务，有两位经理在谈到她时认为，如果工厂经理被紧急调走，"她或许可以代为管理工厂"。

7. 丰富和共享的工作提高了个人的积极性，增强了组织分配工作和解决问题的灵活性。黑堡工厂运营的基本要素之一就是对运营伙伴进行交叉培训。每一层级上的人都会得到鼓励，学习至少十几项团队运营所需的基本工作。在达到要求的熟练水平后，工人将获得基本工资增长，且永不下调。通过额外培训，工人有能力担任技师，完成长达 18 个月的任务，这一级别的工资更高，但仅限于任务期间。在轮岗期间，专家离开自己的团队（以及 12 小时轮班），从事特定的工作，例如检查模具或进行专门的实验室测试，在需要时，他们可以与任何或所有团队一起工作。最后，经过培训的员工可以作为特殊项目伙伴执行临时任务，轮岗取决于完成任务需要的时长，可能持续几周到几个月不等。这种安排有明显的好处，大多数工人喜欢这种多样性。每个人都知道如何做最基本的工作，都能完成其中的 12～14 项工作，这给生产排期带来了巨大的灵活性。

此外，交叉培训意味着团队通常可以拥有足够的信息，使其既可以在问题发生时解决问题，也可以充分理解问题，从而知道应该向谁求助。通常情况下，团队中包括以前的同事，他们担任过项目技师或特殊项目伙伴，拥有通常只能从外部技术人员处获得的专业知识和技能。工厂的管理人员认为，这种内部知识随着时间的推移可以显著节约成本。

一位高层管理人员表示，如果员工没有这种知识，为了解决只出现一次的问题，工厂最终的花费会"超出所需的两到三倍"。

8. 人力资源实践必须补充并加强对团队和个人的授权。我们很难想象人力资源流程对哪个企业的重要性胜过黑堡工厂。这个流程从员工选拔开始，会对申请人进行为期两个月全面而严苛的考查。由工厂领导、运营伙伴和维修工程师（这是一个小而独立的小时工类别）组成的联合小组，会对申请人进行仔细筛选。除了基本的要求，申请人团队合作的能力、与工作环境的兼容性，以及对黑堡工厂核心价值观和信念的接受程度都会被一一考量。在一个阶段，联合小组还会邀请申请人的家人观看一段关于工厂的视频，并与其他工人讨论 12 小时轮班制的现状、加班的现实和工厂独有的压力，在这个阶段会有部分申请人决定放弃申请。

技能薪资，以及基于个人、团队和工厂绩效发放奖金等奖励系统都是为了加强工厂的运营设计。除了技术能力培训，还有监督管理和团队建设技能方面的培训，人力资源专家会帮助团队协调者学习如何处理棘手的社会化问题。其中最具挑战性的是年度绩效评估，这一评估团队由团队成员来完成，而非管理者。在对受欢迎但业绩较差的员工给出客观的评估方面，管理者的能力各不相同，团队也是如此。管理层正在寻找方法，使得评估流程更加一致，同时又不限制给予团队的授权。

同样，小时工也会深入参与同事的工作安排和晋升。如果小时工想成为项目技术人员，就必须申请为期 18 个月的职位，并通过一个比最初的员工入职程序更严格的流程，由他们的同伴进行甄选。除了冗长的面试，申请人还会被要求参加某些测试或执行某些项目。有些人申请了 5~6 次项目技师后，才最终轮岗成功。

9. 管理结构、文化和流程都必须包容并支持 HPWS 设计。黑堡工厂比许多工厂都具有明显的优势。HPWS 设计从一开始就得到了企业高层和工厂高层的支持，在 1988 年，整个工厂和所有运营工作按照 HPWS 进行了再设计。康宁公司发现，在现有的传统工厂上叠加 HPWS 设计中的单一要素要困难得多，向这一方向继续发力获得的效果有限。

8年后，黑堡工厂大多数高级经理都跳槽去了其他地方工作。但他们的继任者都经过仔细挑选，认同黑堡独特的设计。反过来，这些继任者也会仔细寻找其他自信、灵活和具备强大领导能力的管理者，要在黑堡工厂取得成功，管理者必须具备这些特质。一位高级经理说："这里的管理不是感情用事。你必须懂得什么时候收紧缰绳，什么时候放松。"

10. **为适应不断变化的竞争条件，组织及其工作单元必须有能力重新自我配置。**自从20世纪80年代末成立以来，黑堡工厂不断变化，扩大团队的数量和结构，调整团队和管理层之间的关系，再设计工作流程，实现了生产率的显著提高。例如，在1995年，汽车市场发展放缓，黑堡工厂裁掉了大约60名临时工，人数相当于工厂内小时工总量的20%。据几位运营伙伴说，在那时，许多流程已经得到精简和再设计，"你几乎注意不到临时工已经离职"。市场走低，或者说得更准确些，没有如预想般走高，也导致第四条生产线停工。由于工厂的配置，安装了一半的生产线没有对现有的运营造成任何干扰，而是保持在预备状态，可以随时恢复建设。

HPWS 和绩效

尽管 HPWS 设计从20世纪80年代后期才开始在黑堡工厂使用，但它已经在工厂和办公室中以各种形式使用了20多年。在这段时间里，它呈现出的一致性结果如下：

- 采用类似技术，生产与传统工作单元相同的产品，HPWS 的运营成本要低 40%～50%。
- 一直以来，HPWS 提供的服务和产品质量更高、错误率更低。

- 在工作中，HPWS 型组织的员工表现出高于平均水平的积极性、责任感和自豪感。
- HPWS 型组织的员工流动率和旷工率低于平均水平。
- 由于强调培训和多种技能，加之团队对整个流程负有责任，使得 HPWS 型组织对新想法的态度更为开放，也更重视学习的价值。
- 最靠近客户的员工获得授权，提高了 HPWS 型组织对客户需求变化的响应能力，比传统的运营方式更快。

黑堡工厂也不例外。从几乎所有的标准来看，尽管黑堡工厂的工会化程度很高，但其已经成为康宁最高产、利润最高的工厂之一。例如，所有的康宁工厂都根据材料利用率进行评级。在废料和次品通过流程回收后，康宁工厂的材料利用率一般为 60%。黑堡工厂开业时，其材料利用率是 40%。到 1995 年，它以 73% 的材料利用率领先于整个公司。

但 HPWS 的真正价值体现在一些其他的重要方面。员工们会很快谈到那些攻坚克难的漫漫长夜，在下班后，团队自动留下来解决问题、完成工作，没人要求离开也没有额外酬劳。员工们经常自豪地讲述这些故事，它们根植于黑堡工厂的文化中。这种集体认同与承诺的价值无法衡量。但没有一个系统是完美的，即便如黑堡工厂般在绝对理想的条件下设计出的运营范本也不例外。黑堡工厂还将继续与问题做斗争，而设计自家 HPWS 版本的其他公司可能也会遇到以下这些问题。

- 不切实际的期望。由于这套系统如此特立独行，员工，尤其是新员工，会觉得自己正在开启一场令人兴奋的新冒险。一位管理者曾说，人们迟早会意识到"这不是乌托邦，这只是一份工作，还是要工作的。"这让一些管理者感到挫败。有一位管理者说："提高技能是有天花板的。无论我们多么努力，想要设计出有趣、能激励人的工作，还总是有人要做琐碎的工作。"一些员工也有同样的失落，程度可能会更严重。在 20 世纪 90 年代初的合同谈判中，这种更高的期望变得显而易见。工会两次投票否决了公司的合同草案，表达了工人们的信念："既然我们如此特殊，那么在薪酬上就应该体现出我们的特殊性。"虽然合同终获批准，但员工内心的抵触情绪也增加了。

- 不清晰的职业生涯。对拥有特殊技能并且承担相当大责任的工人来说，另一个与期望相关的问题与他们自己有关。在特殊任务轮岗结束时，这些工人发现自己又回到了生产线，做着最基础的工作，在无聊的倒班中煎熬着。目前，黑堡工厂的管理者承认，HPWS 的一大优势是团队整合了高技能、负责任的员工，但雄心勃勃的员工又渴望自身的职业发展得到提升，工厂还没有找到方法对二者进行平衡。虽然这还不是致命问题，但一些顶尖员工没有回到原来的岗位，而是在其他公司找到了更好的工作。

- 社会压力。由于团队成员对同事拥有了前所未有的权力，团队内部的个人互动变得非常重要。在一些团队中，在同事的观察和评判中工作的感觉给一些员工带来了巨大的工作压力。在一些团队中，受同事欢迎的人可能多年业绩垫底都不受处罚，团队绩效评估极不平衡。当同事们做出重要决定时——不仅是谁做什么工作、谁在假期工作、谁加班，还有选择谁上岗、担任项目技师——正常的工作关系就会变得让人非常不舒服。一名员工表示："这群人让你备感煎熬，认为你不能胜任这份工作，在这之后，你很难日复一日地和他们并肩工作。"社会压力越来越大，一些有能力的工人甚至拒绝自愿选择任务。

- "灰色地带"。管理者和员工都谈到了"灰色地带"，即管理层权力和团队授权之间存在的争议地带。例如，每个团队对加班和迟到都有自己的规则，有时，不同团队之间的规则差别很大，于是管理层尝试推行统一规则时就遭到了相当大的阻力。同样，管理者最初参与绩效评估流程，后来逐渐将全部责任让与团队，然后出现了一些明显的问题：管理者想要重树权威，但团队却不想让管理者回归，于是便出现了棘手的情况。管理者必须知道什么时候让团队独立自主，什么时候要维护自己的权威。一位人力资源官表示："有些人错误地认为，黑堡工厂适合于甩手掌柜。不！我们的管理者必须非常强硬，非常直率。"

简言之，HPWS 设计有一些明显的益处——提高生产率，更高的质量，更清晰的客户聚焦，员工的积极性和责任感更强，运营灵活度更大，以及总体上工作环境中的敌意和冲突更少。但正是因为 HPWS 系统将员工视为有思想、负责任的个体，而不是"人型"机器部件，所以管理者在日常工作中便面临着一系列无限复杂的新问题。

再造：一场虎头蛇尾的革命

大众对 20 世纪 80 年代到 90 年代美国企业的管理状态的评价有些令人气馁。当时，HPWS 正在悄然发展，并取得了实质性成果，但许多管理者和相当多的商业媒体却正痴迷于企业再造的风潮。如果这一概念没有如此夸张的声势，没有大规模营销，也许还可能会在打着它的旗号不切实际的宣传中幸存下来。现在大众对企业再造的批评声音之猛烈，不输当年对其赞美的狂热，真是令人惋惜。因为在过誉和炒作之下，隐藏着一些有价值的东西。

质量运动及其对业务流程设计的高度重视，二者的融合催生了企业再造（在初期并非如此命名），同时，信息技术飞速发展，公司在寻求生产力突飞猛进方面承受着越来越大的压力。有关向客户交付产品或服务方面，越来越多的组织不再渐进式地用更好的方式做同样的事情，而是开始寻找根本方法对业务流程进行再设计。

1990年,《哈佛商业评论》刊登了迈克尔·哈默（Michael Hammer）和詹姆斯·钱皮（James Champy）的文章"再造：不是自动化，而是重新开始"，使得再造概念开始流行起来。到了1993年，哈默和钱皮合著出版《企业再造》（*Reengineering the Corporation*）一书，大受欢迎，这一概念便有可以燎原之势。到1995年哈默出版《再造革命》（*The Reengineering Revolution*）之时，浪潮已经退去，再造概念本身已经在走下坡路，逐渐无人问津，如同所有神奇的解决方案一样沦落。市面上每隔一段时间便出现一些神奇的解决方案，许诺可以改变美国企业，然后退潮散去。然而，尽管再造概念不再受欢迎，但仍然提供了一些新的方法，供聪明的管理者在微观设计中利用。

哈默和钱皮的工作基于一个相对简单的概念。根据他们的定义，再造是"对业务流程进行根本性的重新思考和彻底的重新设计，以实现业绩的显著提升"。他们的工作基于几个有吸引力的构想。

第一个构想是，管理者应该聚焦于业务流程，即将任务和活动结合起来，共同为客户创造有价值的产品或服务，而不应着眼于具体的工作、职能或运营。从质量运动中吸取经验教训，再造始于聚焦外部，关注客户，然后以不同以往的新方式执行既有的流程，以完成订单为例，管理者不应该先检查现有的仓库、分销渠道和账单。

第二，尽管质量运动结合了来自日本的概念"kaizen"，即"持续改善"，但再造概念将渐进变化视为慢性自杀。再造概念的拥护者经常教条式地强调组织清除现有程序、从零开始的必要性。在某些情况下，这种激进的方法或许合适，但并非总是如此。

第三，再造关注的是为实现显著提升设计流程的全新方法。管理者若寻求生产力提高10%或成本节约10%，再造的概念会让他们碰一鼻子灰。再造概念的拥护者声称，再造是为强势、固执的管理者而生，这些管理者愿意做任何必要之事以产生根本性的成果。

了向社会技术系统的过渡。在实践中，再造成为一种自上而下、重新设计工作和岗位的权威方法，这是逆历史潮流而上，倒退回之前陈旧落后的"科学管理"原则，认为人可以像许多机器零件一样，只要重新安排到不同的工作中就好，这种观念遭到人们的憎恨和抵制。

从本质上说，再造忽视了今天许多管理者都明白的原则："软件才是硬件。"如果不考虑对个人和集体的影响，对其动机、承诺、社会关系和组织文化的影响，就不可能实施持久、根本性的再设计。再造失败，是因为实践证明其过于机械，忽视人性，而且，要赢得组织中每个人的支持，指望这些人帮助再造发挥作用，非常艰巨。再造用一种冷漠的、几乎是"大男子主义式"的方法对付管理难题，结果自然是一败涂地。

最后，再造的倡导者声称，这是一种重新设计组织的动态新方式，再造无法满足这一期望。业务流程再造很重要，在某些情况下，甚至可能是关键行动。但我们已经看到，真正的组织设计是一个复杂的流程，它直接从战略考虑出发，然后仔细权衡对工作、结构、人员和组织文化的显性及隐性影响。再造的关注范围相当狭窄，它是观察组织如何执行给定流程的一种有趣方法，有时很有用。但在将动态的组织概念化并规划其形状、轮廓和质感方面，再造毫无用处。

总结

我们对 HPWS 这一高性能工作系统和流程再造的讨论虽有不同，但都说明了同一个道理：对于组织设计面对的复杂问题，没有简单的、打包好的、一击而中的解决方案。HPWS 所取得的成就远远超过流程再造。在一定程度上，这是因为 HPWS 的拥护者正确地将其视作一个总体框架和一套指导原则，而非一个现成的产品，任何管理者都能即插即用，然后利润就滚滚而来。HPWS 是一种概念性的设计方法，而不是一套在大范围内普适、一刀切的设计工具包。它需要管理者艰苦地工作、饱受挫折，需要众多员工的参与，以及对组织及其成员有深刻的理解和无尽的耐心。这听起来并不吸引人。但有效的设计没有捷径，这是一清二楚的事实。

到目前为止，我们一直在讨论组织设计的基本概念和可供选择的模式。在第 9 章中，我们的讨论将转向设计流程。为塑造一个新设计，充实其运营细节，并为实施奠定基础，我们按顺序列出了一系列特定事件。

第 9 章

组织设计的流程

北加州的凯泽永久医疗体系：一个范围广泛的再设计

20 世纪 90 年代早期是医疗保健行业发生巨变的动荡时期。由于成本上升的阻力越来越大，托管式护理的范围迅速扩展，以及政治压力要求整个医疗保险行业进行彻底改革。在凯泽永久医疗体系（Kaiser Permanente）的北加州地区分部，医院和健康计划（下文简称 H/HP）的管理者们愈发焦虑起来，他们不仅越来越关注如何应对新的竞争和市场压力，还关注自身是否有能力寻找到新市场并成功满足不断变化的客户需求。在分析市场和组织能力的过程中，H/HP 的领导者们得出结论，以客户为中心的新方法将需要一个全新的组织设计。

凯泽永久医疗体系的总部设在加利福尼亚州奥克兰市，是美国最大的非营利性健康维护组织，北加州是该组织最大的业务区，1993 年该公司 120 亿美元的总收入中有 45 亿美元来自北加州。它有 15 个医疗中心（主要是医院）和 31 个卫星医疗办公室，有 3.5 万名员工为近 240 万名会员服务。和凯泽在其他地区的业务一样，北加州区的业务由两个部分组成：医院和健康计划，其中包括由健康维护组织（下文简称 HMO）完全拥有、并由凯泽雇员担任工作人员的医疗设施，和长青医疗集团

（TPMG）按合同向 HMO 提供服务的医生。

1992 年年初，凯泽执行副总裁兼北加州地区经理大卫·波克尔（David Pockell）发起了重新制订战略规划的流程，旨在帮助 H/HP 了解重塑市场的竞争力量，并识别 H/HP 在成功响应客户需求方面的障碍。由外部的顾问们对这项工作的成果进行了独立评估，并很快认可了这一成果。人们进而认识到，为了聚焦客户并迅速适应变化的市场，H/HP 需要进行重大的组织再设计（见图 9-1）。

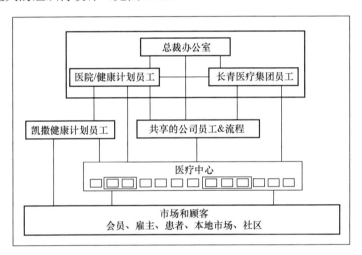

图 9-1　凯泽基金会医院/健康计划北加州地区—支持模式所包含的范围

在顾问的协助下，波克尔和一些高管密切合作，用几个月时间厘清了变革的目标，定义了与这些目标相匹配的新的文化，并制定了一份推动变革流程顺利向前的总体规划。在 1993 年夏天，波克尔和他的团队决定公开这个流程，开始积极地邀请全体 H/HP 人员参与设计，并实施必要的变革。

波克尔与 H/HP 全体员工举行了一系列视频会议，在第一次会议上，波克尔解释说，组织面临着两项至关重要的战略举措。首先也是最重要的战略举措是迫切需要以客户为中心。其次，是被波克尔称为"行动能力"的战略举措，它直接源自第一种战略举措。他解释道，在开发出新的运营环境和组织结构之后，H/HP 才能实现以客户为中心的目标。新的设计方案将提升员工的能力，在更贴近客户的层面上，员工有能力在充分了解情况后及时做出决定，摆脱官僚主义、陈旧的组织结构和内部合作的障碍。

波克尔还解释道，环顾整个组织，他看到一些部门和职能都处于狭窄的竖井中，坐井观天，看不到其他竖井。组织必须拆除隔离彼此的墙，在 H/HP 提供服务的所有部门、职能和地域之间，允许信息更自由地流通和人员更自由地合作。

波克尔宣布，作为重大变革的第一步，他已经任命了临时领导团队管理 H/HP，这是一个包括他本人在内的三人小组。与此同时，他任命了一个新的七人战略层面的设计团队，全面评估公司的需求，并提出完整的重组计划。

波克尔向员工明确表示，将授权设计团队检查组织的方方面面，而不仅仅检查组织的结构和流程，更重要的是还包括员工之间的工作方式，与客户、供应商以及与整个社区的合作方式。他说，这个团队"将帮助决定我们未来想成为什么样的组织"。

随后，波克尔介绍了在圣罗莎工作的伯纳德·泰森（Bernard Tyson），这是一位年轻且非常优秀的行政管理人员。在接下来的一年里，他将领导一系列团队，他们的建议将指导北加州 HMO 的重大再设计。

引言

我们大多数人都目睹或感受过草率、混乱随意的重组工作带来的直接影响——这就是现在常说的"鸡尾酒餐巾纸设计学派"。我们已经探索了设计中所涉及问题的复杂性，有些设计者忽视了这些复杂性，但它们既真实存在又很重要。那么，现在是时候列出一个循序渐进的流程，以一种理性的、充分知情的方式来处理所有设计决策。当我们详细说明这个流程时，将使用北加州的 H/HP 系统作为参考，说明这个流程可以且应该如何完成。

本章开始的案例解释了使得凯泽的流程如此有效的原因，而且，在某种程度上，这些流程也非同寻常。从项目伊始，凯泽的高管就承认，任何有效的再设计都必须涉及组织的每一个组件，必须明确地将关注点放在分组、连接、信息流和相互依存上。然而，除了对正式结构和流程的关注之外，还有一个明确的认知，即许多必须要做的事情将与现有文化相抵触。在完整设计的展开过程中，波克尔曾告诉员工，正式的结构中，涉及再设计的变革大概占到 20%。他解释说，其余的变革将涉及塑造人们工作方式的价值观、信念和行为模式。

此外，将设计流程放到几乎与设计本身一样重要的地位，这也很罕见。领导团队致力于构建一个基础广泛、参与性强的流程，这一流程将吸收组织中一些最优秀人才的想法，与此同时，即使设计仍在进行过程中，这一流程也为实施奠定了基础。

在本章中，我们将逐步介绍组织整体架构的战略性设计流程。然后，我们将描述战略性设计和直接从中产生的运营设计流程之间的密切关系。我们特别关注一个关键的设计问题：谁应参与到这一流程中。在讨论之前，我们想要感谢德尔塔咨询集团的同事迈克尔·基森（Michael Kitson）、玛丽莲·肖尔斯（Marilyn Showers）和山姆·戴维斯（Sam Davis），在整个设计和帮助塑造流程的过程中，他们与 H/HP 保持着密切合作。

设计决策的顺序

一般来说，组织设计所涉及的全部活动按顺序可以分为四个主要阶段。

阶段1：初步分析。 战略性设计的第一步是进行全面的组织评估。正如在之前关于组织模型的讨论中我们所看到的，问题的解决始于对以下几方面的充分认识：理解组织是如何运作的，绩效差距在哪里，特别是组织的绩效如何与战略联系在一起。战略的制定本身就是一个复杂的问题，应该在其他著作中单独阐述。简言之，组织评估的目的是准确地界定组织的哪些方面起不到作用。对战略性设计的需求并不一定是必然结论。在某些情况下，组织真正的问题可能是一个完全不恰当的战略，也可能是高层领导团队或人力资源实践的问题。再设计只是组织评估流程后可能产出的几个结果之一。

流程始于数据收集和分析。对此，有三类信息绝对是至关重要的：与战略和具体的战略目标相关的数据；有关组织如何实际运营的数据，即信息如何流动，谁需要什么信息和需要信息的时限，信息处理在结构上、社会层面上、技术上的障碍；以及对一些特定问题的识别，这些问题应当在再设计中得到修正。

在凯泽的案例中，最初的诊断工作分两个阶段完成：首先由凯泽自己完成战略规划流程，然后由外部顾问迈克尔·基森和山姆·戴维斯完成，他俩与波克尔领导的团队密切合作。两项研究都分析了H/HP面临的问题及其应对新挑战和机遇的能力。两个阶段的工作完成后都得出了相同的结论：重大的组织再设计是一个必然的选择。

阶段2：战略性设计。 假设组织评估的结论是需要再设计，第二阶段便是形成战略性组织设计，玛丽莲·肖尔斯将之描述为伞状结构，塑造了组织的整体形状。这涉及我们在第 7 章中讨论的公司层面的设计决策，它涉及对广泛的信息处理需求的分析，以及分组和结构连接的一般模式选择。

战略性设计也应聚焦于组织的高层，特别强调公司治理的角色和结构。战略性设计应当明确，在高层对战略、市场、外部关系和内部政策做出决策时，需要哪些流程以及谁应该参与。在凯泽，战略性设计团队的成员最初想要涉足运营细节。随着时间的推移，他们逐渐认识到，应先为组织的高层开发出一个总体设计，才能处理这些运营决策。

战略性设计通常聚焦于组织高层的两到四个层级，并需要考虑正式的结构和流程，以及非正式的运营环境，我们将在第 10 章中对此详细讨论。其中心观点是，高效设计始于战略层面，需要在这一层面创建一个指导运营设计的框架。

阶段 3：运营设计。一些战略性设计只是重新定位分组并更改一些汇报关系，在这些情况下，运营设计的工作相当简单。更典型的是，战略再设计会深刻地重塑组织。这便需要组织进行广泛的运营设计，聚焦于工作流、资源、汇报关系、业务流程和人力资源实践，这些都是将方框和线条的新模式转变为一个充分运转的组织所必需的。在凯泽，战略性设计团队用三个月的时间制定了一个新的组织规划，接着，核心设计团队监督运营设计团队，又花了将近两倍的时间充实他们的计划。

阶段 4：实施。再设计失败最常见的原因之一是，人们普遍认为，随着新设计方案的公布，设计工作基本上就结束了。事实上，这正是诸多艰难工作开始的时候。实施再设计需要周密的计划、严密的监督和持续的管理。这是一项艰巨的任务，我们将在第 10 章中详细探讨。

战略性设计的框架

虽然设计顺序中的每一个步骤都很重要,但战略性设计这一步极为关键,因为它将为随后的所有决策提供总体框架。在阐述战略性设计的具体步骤之前,理解流程背后的逻辑尤为重要(见图9-2)。

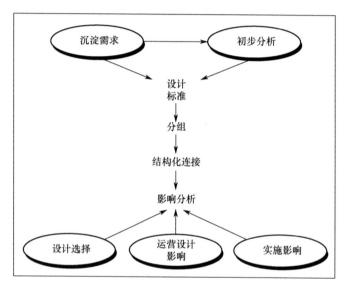

图9-2 战略组织设计流程

设计流程本身包含四个阶段,对于每一个阶段我们都将很快进行深入探讨。第一个目标是确定设计的需求,然后生成大量的设计方案,再对这些方案进行测试、评估、修改和改善。在每个步骤中都会抛弃一些设计,所以在流程的最后,设计者只有一个设计方案(也许还有一些备用设计方案)。这四个阶段是:

1. 制定设计标准。在对变革的底层需求进行初步分析的基础上,设计者写出一系列描述新设计应该完成的事项。这将成为潜在设计的基准。

2. 分组决策。设计者开发和评估通用分组的几个选项。

3. 连接决策。对于通过评估阶段的每一套分组方案，设计者设计了一系列连接机制。使得一些方案会被合并，另一些将被放弃。

4. 影响分析。评估分组和连接设计是评估它们与组织其他正式和非正式组件之间的潜在契合度。同样，再次对改变后的方案进行评估和做出相应调整。影响分析将有助于推荐和选出最终设计。影响评估还应提供有用的信息，推动后续的运营设计和执行规划。

这一流程要取得成功，一个重要关键因素是广泛考虑一系列的方案。但是，太多的再设计只不过是对摆在桌面上的第一个合理提案进行渐进式的修修补补——很多时候，高管们一开始就已经想到了这个提议。这一流程的真正价值在于对尽可能多的方案进行充分的讨论，其中一些方案可能需要设计者后退一步，以全新的方式看待组织及其工作的内容。

另一个密切相关的问题是谁应该参与其中。凯泽的战略和运营设计团队的组成是整个流程的基础，这点我们很快就能看到。波克尔本可以和一些高管及顾问一起闭关，敲定一个可接受的设计方案。与之相反，决策者有意识地扩展了流程，并利用这个决策流程来识别、教育和培养较低级别的管理者，在他们参与创建的设计方案实施过程中，这些管理者将继续发挥主要作用。

战略性设计的 10 个步骤

以凯泽为例，现在让我们回顾一下战略组织设计流程中涉及的 10 个具体步骤。有些步骤需要更多的细化，不过在凯泽长达一年的组织设计流程中，我们并不打算详尽地记录其中的每一步。此外，有些步骤往往会与其他步骤融合，这在实践中也经常出现。但是，根据任何组织的特定情况，其对每一步骤的重视程度都会各不相同，这个框架作为一个通用的流程，描述了组织应该面对和解决的决策步骤（见表9-1）。

表9-1 战略组织设计流程：具体的决策步骤

	步　　骤	目　　标
1	生成设计标准	生成一系列用来评估不同设计方案的标准
2	生成分组方案	生成大量分组方案，能够满足设计标准
3	评估分组方案	根据设计标准评估分组方案 剔除、修改和细化方案
4	识别协同需求	对于每个分组方案，从设计标准着手 确定信息处理需求
5	开发结构化连接方案	为响应协同需求，为每一组分组方案创建 结构性连接机制，提升方案满足设计标准的程度
6	评估结构化连接机制	根据设计标准评估每个方案 剔除、修改和细化方案，如有必要，可组合方案
7	进行影响分析	根据对其他组织组件预计的影响或契合度 评估留下来的每一个设计方案
8	改进和剔除设计	在影响分析的基础上剔除设计 生成首选的设计方案，并适当地改进设计
9	识别运营设计的问题	基于影响分析，确定需要在哪些地方进行 运营设计，以及确定设计中需要解决的问题
10	识别实施的问题	基于影响分析，确定在规划实施方案时 要考虑的关键问题

让我们回到1993年夏末的凯泽。前文中提到，波克尔和其高管同事已经在组织变革问题上做了数月的准备工作。7月，他们任命了一个战略性设计团队，由来自不同专业和地域的7位二至四级高层管理人员组成。之所以选中这些人，是因为他们具备的知识、在组织中的可信度，以及工作中展现的创造性思维能力。

波克尔在宣布任命时解释道："我们并不是要揪住通常出现的问题。"团队成员被视为"会挑战我们，用不同的方式思考问题"的人。除此之外，他们被视为组织未来的领导者。波克尔说，摆在他们面前的问题是："当你领导这个组织时，你希望它是什么样子？"

事实上，这项任务成了培养高管梯队中高潜人才的独特方式。项目要求他们思考自身职业生涯中从未遇到过的问题。鉴于以往的经验，他们早期倾向于关注运营细节。逐渐地，他们明白了自己的新任务是"要有全局观"——从企业的视角出发，更全面地思考问题。

他们也有机会深潜到组织中，深入了解组织运营、人员和文化。在早期，团队自行收集数据，以补充几个月前由顾问完成的初步分析。他们与数十名管理者进行了一对一的访谈，与一线员工进行了焦点小组会议，并与主要客户和供应商进行了面对面的会议。

最后，这一任命为团队成员提供机会，与组织高层人员进行密切互动。领导团队和设计团队一起不断解决一系列复杂的问题，设计流程便包括两个团队之间的持续讨论。后来浮现出的设计方案以及运营规划，就是高管和他们所创建团队之间持续合作的成果。

由伯纳德·泰森领导的战略性设计团队有 90 天的时间（8 月 1 日至 11 月 1 日）提交一个总体战略性设计建议。波克尔和其他高管与团队成员分享了外部顾问做出的最初评估结果，包括变革目标以及对新文化的描述，然后要求团队提出一个提高以客户为中心和行动能力的设计方案。现在是时候让他们执行战略性设计流程的 10 个步骤了。在整个流程中，高管团队和战略性设计团队之间不断交换意见。在定期会议上，两组成员分享并测试了他们的想法、假设和工作进展。

1. 生成设计标准。设计流程的第一步是开发出指导和评估设计工作的一套特定标准。设计标准要能精确描述再设计应该实现什么目标。每句话都应该这样开头："组织设计应该……"，其后是一个具体动作加上非常具体的目标。在凯泽的案例中，波克尔和高管团队中的两位同事与新任命的战略性设计团队一起制定了一系列指导方针。在将两个标准（倒数第一和第二条）添加到与领导团队最初制定的列表中之后，就完成了设计标准列表。下文总结了他们在塑造和评价设计方案时所使用的设计标准。

组织设计方案应该：

- 推动组织向以客户为中心转变。
- 减少层级，以确保那些为客户服务的人掌握信息、资源并行动自由。
- 在变更注册信息和客户要求时，保持灵活性。
- 加强与患者、会员、供应商、采购商、社区、工会（以及其他组织，包括凯泽永久医疗机构的母公司）的伙伴关系。
- 减少"凯泽时间"，即在凯泽范围内决定和完成事情所需的时间。
- 最大化组织的学习能力。
- 简化工作，减少官僚主义。
- 支持个人和团队对结果负责。
- 支持基本流程改进和再设计。
- 减少组织边界。
- 在整个组织中实现深刻的变革。
- 降低成本结构。
- 使（该组织）成为医疗保健行业的首选雇主。

当然，这些实用的设计标准列表不是凭空产生，这些列表也不应该仅仅反映一两位高管对什么是有吸引力目标的个人看法。相反，它们是对四个来源的信息进行分析后的成果。首先是组织的商业战略，特别是对市场、产品和公司自身竞争优势的看法。第二，执行战略所需的工作流程的基本特征。第三，这些标准应该反映出对组织所面临障碍的诊断。最后，这些标准应该包括其他所有相关的信息，这些信息可能会制约新设计或对其产生要求。

组织再怎么强调有充分依据、精心描述和清晰表述的设计标准的重要性都不为过。这些设计标准驱动着整个流程，确保设计始终基于战略。这些设计还提供了一个具体的框架，用于评估在流程中出现的所有方案。

2. 生成分组方案。这一步是设计团队根据我们在第 5 章中描述的选项和组合，开发一系列本质上不同的分组方案。这一阶段的重点是创造性。在设计流程的初期，团队不应该受制于实施、可行性或实用性的问题。在这个阶段，一个常见的危险是，所有方案可能不过是现有设计主题的变体。一些领导应对这个问题的方法是指示团队想出特定数量的方案，其中只能有一个方案与当前的设计有相似之处。根据组织的复杂性和设计标准所要求的变革数量，团队可能会提出 3~12 个替代方案。

3. 评估分组方案。在开发完尽可能多的分组方案后，团队进而会根据满足设计标准的程度对每个方案进行评估。有时，团队会采取正式方式，对每个方案打分。这一步的主要目标是让团队更好地了解每种设计的相对优势和劣势，以及每种设计所涉及的利弊权衡。此时，经常会出现组合设计方案和重新配置设计，有时，甚至会出现全新的设计。我们的目标是重新考虑、优化和放弃一些设计。但是，在这个阶段，最好将几个设计都摆在桌面上，只确定一个还为时过早。

凯泽团队在这一点上已经将其现实的方案归结为两个广泛类别，它们都与现有的职能结构明显不同，在现有的职能结构中，各种卫生保健设施和运营的管理者通过中央化层级结构直接向上报告。一个类别是地域结构，将特定社区的所有设施和业务分组及社区群成为一个分区域的集合。另外一类是以服务为基础，将设施分组，跨越了地域界限。

4. 识别协同需求。到目前为止，分组方案可能包括一些基本的汇报关系和结构化层级，但这只是设计的开始。现在，对于每个可选的分组模式，团队必须开始考虑如何在不同的分组之间协同工作和信息流。特别是，它需要在设计标准的情境中考虑信息处理需求和能力。显然，不同的目标很可能需要不同的信息流。

5. 开发结构化连接方案。对于仍在讨论中的每个分组方案，团队必须设计结构化连接机制，以解决步骤 4 中确定的协同需求。虽然理论上有一系列的方案是更好的选择，但在实践中，大多数设计者对每个分组方案只会选定一组结构化连接。这是一个关键的步骤。在此时，团队有时会意识到，在一些分组方案中，不存在协同工作和信息需求的可行性方法，这最终导致只能抛弃这些方案。

在凯泽的案例中，随着将焦点缩小到强调地域分组的重要性，团队意识到，如老年医学或产科护理等运营服务，以及如人力资源和采购等管理和业务流程，必须贯穿整个组织进行连接和协同。随着时间的推移，团队的大部分工作——以及接替它的运营设计团队的工作——都聚焦整个系统范围内的服务和流程，将其视为连接和协同的基本机制。

6. 评估结构化连接机制。现在，团队已经有了一组可供选择的方案，每个方案都包含一个分组和连接的模式。下一步是根据在步骤 4 中确定的基本设计标准和其他所有协同需求来评估这些方案。评估流程与前一个类似，每个方案都有一个评分，并且在通常情况下，各种方案的特点被组合和调整。在这一步的最后，团队应该考虑 2~4 个设计方案。

7. 进行影响分析。直到步骤 6，设计决策主要是由战略目标和工作需求驱动的。此时，团队会对考虑中的可行方案进行影响分析，针对每个方案的潜在后果生成一个分析问题列表（见表 9-2）。

这些问题涉及组织的方方面面，从实施每个方案涉及的人力和资本成本，到对领导风格和职业机会的影响，以及不断变化的技能要求。就一致性模型而言，团队将每个设计方案都纳入模型中的"正式组织安排"，然后检查这一更改将如何影响工作、人员和非正式安排等其他组件。同样，团队的目标是评估每个方案的积极影响和消极影响，以及对运营设计和运营的影响做出具体的书面评价。

表9-2 关键的影响分析问题

个人
设计在多大程度上降低了工作要求和个人能力之间的契合度？
设计在多大程度上需要目前尚不具备的管理技能、才能或经验？
设计在多大程度上限制或减少了满足个人需求的机会？
设计在多大程度上限制或降低了组织的能力，去激励个人做出组织所需的行为？

非正式组织
设计在多大程度上与以下因素冲突：
当前的领导
当前的组织文化（价值观和信念）
当前的沟通和影响模式
其他非正式安排或非正式组织的方面

正式组织
设计在多大程度上与外部环境有关？
设计在多大程度上需要大量增加或重新分配人力、资本、工厂、技术或其他资源？
设计在多大程度上会因为过去的实践而产生问题？

成本
设计的实施在多大程度上需要产生额外的成本（直接或间接）？

8. 改进和剔除设计。团队需要通过检查设计，对其进行改进或调整，以解决影响分析中出现的问题，并剔除那些明显引起太多问题的设计。通常，这个流程会确定一个设计作为首选方案，当然，如果能确定一个备选方案更好。保留下来的每一个设计都应该附带一个书面描述，写明这个设计的主要特点，相对优势和劣势，以及对组织其他部分的潜在影响。

9. 识别运营设计的问题。接下来，团队需要考虑，要使新的战略性设计有效地发挥作用，什么样的运营设计工作将必不可少。对运营的影响有可能会很小，但在有些时候，战略性设计所涉及的规模之大可能需要完全修改运营设计。对于设计团队来说，重要的是要仔细考虑两个问题：一是由对战略性设计进行影响分析后提出的运营问题；二是战略性设计可能不能完全满足原始设计标准，需要通过运营设计来解决。最后，作为双重检查，团队应该花一些时间，跟踪在新组织中的基本工作流,并尝试确定当前的运营结构或流程可能在哪里发生故障。

在实践中,运营设计和实施计划不是独立的流程,有时被分配给同一小组完成。只要这个决定是经过考虑的,且让适当的人得到了完成适当的运营设计所需的资源,倒也无妨。

10. 识别实施的问题。最后,设计团队需要收集在实施流程中可能遇到的问题。同样,这些信息的主要来源是在影响分析期间收集的数据。我们将在第 10 章中看到,这些信息对于那些即将实施重大变革和巨大挑战的人来说至关重要。

虽然这不是战略性组织设计中的明确步骤,但对于团队来说,在设计文档中编写完整的分析文档非常有用。特别是在主要的再设计项目中,这些信息是无价的。参与设计实施的人员可能没有参与战略性设计流程,因此从未见过设计团队决策背后的数据。如果设计团队在整个流程中都尽职尽责,那么剩下的工作就是准备一份简短的叙述,附上在工作流程中产生的文件。

在凯泽,设计流程的初始阶段于 11 月结束,当时战略性设计团队向波克尔等高管提交了设计方案。方案包括解散现有的职能型组织,取而代之的是八个基于地域的客户服务大区和第九个业务单元——区域保健计划服务单元。

该团队的一个发现是,HMO 客户使用的凯泽设施的数量相对较少,但这些设施都聚集在他们的社区周围。团队认为,为了更贴近客户并了解他们的医疗需求,按地域和客户使用方式对设施进行分组更有意义,而不是按传统的职能分组。实际上,每个客户服务区域将成为北加州区域内的一个迷你区域,负责病人护理、会员服务、本地的机构客户、本地商业规划和社区关系。招募更多会员、资金计划,以及最重要的本地业务盈亏等职责,都从总部办公室转移到每个服务区域。反过来说,这些区域将通过一个客户服务委员会连接起来,该委员会将包括每个区域的管理者,并通过地区单元继续协调全面治理的工作,比如区域范围的人力资源政策和与母公司的关系,以及"大宗商品"的管理,诸如批量采购和电信管理问题。

与此同时,该团队引用波克尔所描述的问题情形,原有的结构支离破碎并存在服务整合严重不足,因此,他们建议改变传统的管理设施和部门的组织结构,取而代之的是一组"一条龙服务"的结构,这与患者护理需求的一致性更高。例如,不管设施处于服务区域的什么位置,负责老年医疗一条龙服务的管理者都将负责协同并提供所有必要的服务,例如家庭护理、门诊理疗和药品。此外,8个客户服务区域的老年医疗一条龙服务的领导们会组成一个委员会,共同协同服务、交流创新理念和最新进展,聚焦质量管理。

波克尔和他的高管团队审视了这些方案,并做了一些重要修改。特别是,他们寻求方法,来平衡基于地域的结构与为企业提供医疗保健和支持服务的需求。高管团队继续与战略性设计团队一起重塑整个提案,最终达成了一个设计方案,整合了水平方向的医疗保健交付和业务流程,以及垂直方向的基于地域的客户服务区域(见图9-3)。

在接下来的两个月里,最高管理层开始实施战略性设计的基本纲要。此时,波克尔和他的团队采用一套协同的人员管理流程,为新的八个客户服务区域任命了领导人,并开始为他们领导新的组织架构做准备。波克尔还指派泰森来协同变革实施流程。

很明显,接下来还有一个重要的步骤:运营设计。我们在第8章讨论过,为了将战略性设计转化为一个运作良好的组织,需要运营设计开发出所需的结构、流程和系统。显然,只要运营层面的设计能够继续满足设计标准,这是项目伊始就用来指导设计流程的标准,就有各种各样的方法可供使用。

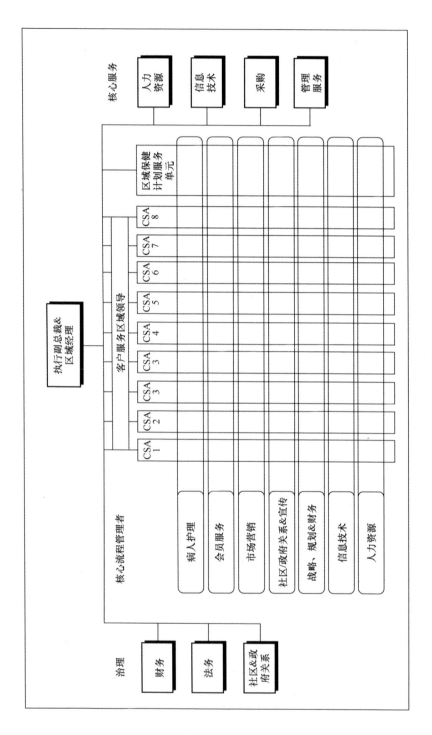

图 9-3 凯泽永久医疗健康计划和医院(重组后,1995年)

在凯泽的案例中，用于战略性设计的流程也应用到运营设计中。在1994年1月，公司任命了一个核心设计团队，采用与战略性设计团队相同的人才标准选拔出团队成员。开始工作时，核心设计团队创建了12个子团队，其中8个分配给业务流程，4个分配给特定结构，进行数据收集、分析，并提出填补重要空缺的建议。这些团队关注资源分配、人员配置需求、汇报关系、协同角色和机制，在某些情况下，还关注特定人员的甄选。最终，团队形成了2500页的建议和备份材料，由核心设计团队和最高领导层进行评估、讨论、修改，并做出最终决定。1994年7月，距任命第一个设计团队约满一周年时，波克尔向员工发表讲话，公布了北加州区的新战略和业务设计。根据我们所使用的术语，他们制定了一个基于地域和客户导向提供服务的矩阵型结构，由诸如各种委员会的正式结构，以及涉及联合战略、区域政策和集中资源等管理和业务流程连接在一起。

总结

在本章中，当讨论由谁来开发战略性设计时，我们经常提到"团队"。由于凯泽再设计使用了"团队"，为方便起见，我们使用了这个术语。但这并不意味着完成这项工作只有这一种方法。

根据特定组织的规模、复杂性、历史、政治和领导风格，完成这个流程可以有许多方法。在某些情况下，小型企业的老板或特定业务单元的运营负责人可以独自或者在一两个顾问的帮助下完成这项工作。通常情况下，设计团队由高管团队组成，由员工或外部顾问协助。在成功的大型项目中，比如我们刚刚所回顾的凯泽和之前的施乐、康宁、ABB的项目中，特定的设计团队由来自组织各个层级的高潜管理者组成，然后在整个流程中与CEO保持紧密合作。

无论设计流程是由个别人员完成的还是结构化的，成功和失败的再设计经验都阐明了一些基本的原则。首先，最好的设计是在尽可能多的方案中产生的。其次，最好的设计流程有完全了解组织及其工作的人员参与其中。在大型企业中，比起高管团队或外部顾问，第3～第4级别的管理者更了解组织的正式和非正式运作方式。再次，最好的设计在开发时总是时刻将实施考虑在内。而设计和任何组织变革一样，如果负责使之生效的人感到自己参与到塑造变革的过程中，那么成功的机会就会大大提高。这就是为什么高管团队和广受尊敬、有影响力的核心基层管理者都参与到这个流程中是如此有价值，这些都将体现在第10章的诸多细节上。

不管谁参与其中，最重要的因素都是进行设计的思考流程。如果一个人独自坐在房间里可以充分评估数据，诊断问题，制定设计意图，制定一个具体的设计标准列表，然后理解、评估、完善全面的分组和连接方案，那么理论上一个人就能产生一个可行的战略性设计。在一个相当大的组织中，组织几乎不可能欣然接受并执行由一到两个人私下开发的设计。在第10章中，我们将关注成功实施重大战略性再设计项目所涉及的复杂性。

第10章

实施新设计

通用汽车：走向混乱的组织设计

在 20 世纪 80 年代早期，通用汽车公司启动了一个项目，意在孤注一掷。该项目在公司内部被称为 GM-10，旨在设计并推出一个全新的中型汽车系列，以对抗来自日本汽车制造商和福特日益激烈的竞争。

陷入困境的通用汽车高管们第一次高度关注压缩产品生命周期和削减开发成本，一个激进的想法占了上风：将整个公司的资源都集中到一个部门，从头到尾负责新车型的设计、制造和生产。其实这个概念一点也不激进，日本人多年来一直以这种方式生产汽车。但随着 GM-10 项目陷入僵局，高管们面临的现实令人心凉：在组织结构上，通用汽车不具备这种协作和共同努力的能力。尽管其他人都认为通用汽车是受到严密控制的巨头，但它实际上是一个经营松散的大杂烩，当中有多个互怀敌意的诸侯势力，每个都极力保护自己的资源和领地边界。

公司内有五个汽车部门，分别是凯迪拉克、奥兹莫比尔、别克、庞蒂亚克和雪佛兰，每个部门都将为特定的车型开发概念和设计。费雪车身装置单元接到设计后，会告诉设计师他们心中理想的车有可能无法投产，然后将自己版本的工程规格标准发送给制造单元——通用汽车装配部

（下文简称 GMAD）。而装配部的组装人员抗议，称他们没法造出费舍尔单元设计出的汽车，然后自行生产自己版本的汽车。

各个部门之间唯一的正式连接处于最高层，由每个部门的高级主管负责，他们都向通用汽车的总裁报告。在过去的几十年里，对通用汽车来说，速度和效率并不是特别重要的问题，组织结构也不是。通用汽车早期通过收购实现发展，当初的结构一直沿袭下来。与被通用汽车吞并的许多其他公司一样，1926 年被收购的费雪车身装置单元仍然认为自己是独立的运营公司，与通用汽车的其他部分没有特别的合作关系。特别是费雪车身和 GMAD 间的隔阂之深，被视为内部合作最难以逾越的鸿沟。

GM-10 项目跌跌撞撞，走向混乱，由于不同部门间无法合作，项目经常陷入僵局。通用汽车的高管渐渐认为，无法在保留传统结构的同时，满足在产品质量、显著改善员工关系、资产利用率、市场份额和管理效率等方面提出的新战略目标。在 1984 年年初，通用汽车宣布了一项真正激进的重组计划，不仅震惊了商界，也震惊了自己的员工：将解散全部五家汽车公司、费雪车身单元和 GMAD。通用汽车的北美业务将被划分成两个业务群：雪佛兰—庞蒂亚克—雪佛兰加拿大（CPC）和别克—奥兹莫比尔—凯迪拉克（BOC）。每个业务群都有自己的设计、工程和制造部门，所有这些部门都要向同一个业务群的高管报告。

玛丽安·凯勒（Maryann Keller）曾著有《猛然觉醒》（*Rude Awakening*）一书，其中对通用汽车的动荡时期进行了细致入微的记录，她在书中写道：这就好像突然告诉公司里的每个人，打包好自己的东西、准备好搬到新办公室，从明天开始，为新老板做新工作，推出一个新产品。结果是一片混乱。

第 10 章 实施新设计

引言

在当代商业史册上，1984 年通用汽车的重组是一个典型的反面教材。

但这种看法可能并不公平。通用汽车的灾难之所以如此出名，是因为这一失败的重组发生在一家已经成为美国企业界象征的公司身上。事实是，在一个又一个行业中，大大小小的公司都像通用汽车一样因重组把组织搞得一团糟，他们只是侥幸免于在全球瞩目之下被拆分的命运。在很多方面，Technicon 研发部的重组是 1984 年通用汽车的缩影。我们已经看到，Technicon 的高管们与其他行业的许多同行一样，认为重组的难点是绘制出新的框框和线条。他们认为，只要完成这步工作，进而将方案公布于世，就能看到改变发生。第二个问题是，他们未能理解文化所扮演的关键角色，以及创建协同环境所需要的工作量，对于让新的组织结构按计划发挥作用，这种协同环境至关重要。

通用汽车犯了同样的错误，甚至更多，我们很难分辨在通用汽车重组流程中哪个问题最为严重。当然，从一开始通用汽车强硬宣布并实施重组之时，这个项目就注定会失败。变化降临得太突然，员工们措手不及，忙乱了几个月都不知道自己负责什么工作。在很多情况下，人们完全不知道要联系谁来完成工作。由于忽视组织内部的政治影响因素，很多人都出现了消极抵抗情绪。公司一边重新分配上千人的工作，并解雇了上千人，另一边又坚决要为两个新业务群中的每个部门补足人手，且要同时保持旧公司的运行，于是又引发出招聘热潮，招募了成千上万名新员工（Keller 1989）。

另一个重大错误是，设计重组的高管人员和顾问完全忽视了文化的重要性，或者，用我们的术语来说，忽视了非正式的组织安排。他们根本不明白，正在实施改造的正式组织结构和流程往往是过时且无关紧要的；在整个公司，重要流程和关键关系都植根于非正式的文化。由于设计者未能在其设计方案中适应组织文化的需要，不经意间抹掉了许多基础的、非正式的工作流程。其结果便是许多运作流程彻底地瘫痪了。

我们顺便提一下第三个问题：新设计存在根本性的缺陷。实际上，新出台的方案是要取代通用汽车原本庞大、笨拙、功能失调的设计安排，却在内容上与前者毫无分别，而是变成了两个覆盖范围更小的方案。在促进团队合作、速度、效率和责任感方面，这两个新业务群与原先的组织并没有本质上的不同，这导致别克—奥兹莫比尔—凯迪拉克的高管们甚至不顾重组还在继续进行中，便开始重新设计自己的业务群。

在管理组织内实施重大变化总是困难的，因此实现再设计的风险特别大。重组失败更多是因为糟糕的实施，而不是因为有缺陷的设计。即便一个平庸的设计，如果实施得好，也可以随着时间的推移变得合理可行。但是，如果管理层搞砸了实施，即使是最复杂、最优雅的设计也注定要失败。

本章主要讨论组织设计的实施以及与之密切相关的组织文化管理问题。大卫·波克尔在凯泽永久医疗公司北加州大区的设计流程中便告诉员工："如果我们只是移动一下框框而不处理文化，那么我们也只是移动了框框而已。"换句话说，忽视文化的再设计仅仅是一种智力游戏，注定与真正地重塑一个组织及其运作方式无关。

本章将概述两个相关主题。管理者可能会发现，自己已经身处重大组织变革时期，这两个主题将帮助管理者进行更深层次的考虑。有许多作品专门关注了这些问题。首先，我们将介绍纳德尔（Nadler）、肖（Shaw）和沃尔顿（Walton）所著的《不连续变化：领导组织变革》（*Discontinuous Change: Leading Organizational Transformation*）（1995）。

组织变革的基础

在过去的 20 年里，人们对组织变革这一主题的兴趣激增，这并不奇怪。实施组织变革最有用的一个方法最早由理查德·贝克哈德（Richard Beckhard）和鲁本·哈里斯（Reuben Harris）提出。他们以转型的视角看待变革实施，其中包括新的组织设计等（见图10-1）。

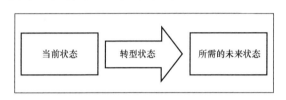

图 10-1　将组织变革视为转型

他们认为，在任何给定的时间，一个组织内的普遍状况都可以视为当前状态。在我们的一致性模型中，当前状态是战略、工作、员工、正式结构和非正式文化的现有配置。因此，组织主要变化的目标是成功地走向未来状态，即一个组织应该如何运作的愿景。组织脱离当前状态但还未到达未来状态的这一关键的中间阶段是转型状态。

那么，用最通用的术语来说，有效的变革管理包括：①了解当前的状态；②对未来状态有一个清晰的愿景；③指导组织度过一个微妙的转型时期。转型状态的设计与未来状态的设计一样重要，都很关键。

这个变化框架是从当前状态到转型状态再到未来状态，在这一框架中包括再设计等主要变化，如果满足以下条件便是成功：

（1）组织真正地从当前状态进入未来状态，换句话说，新设计实际上得以实施。

（2）组织在达到未来状态后，实际的运行方式能够满足期望，也就是说，新设计在实践中的作用方式与规划一致。

（3）在组织不付出过度成本的情况下完成转型。这意味着，设计的实施不会对业务造成重大破坏，也不会损害与客户、供应商或监管机构的关系。

（4）在没有给组织成员造成非必要成本的情况下完成转型。

当然，并不是每个新设计的实施都能满足上述所有标准，但是它们提供了一个合理的目标。因此，管理者面临的问题是，在实施变革设计时，如何提高实现这些目标的成功率。

变革中的固有问题

管理变革情景的经验清楚表明，每当组织经历重大变化时，几乎总是会出现三个一般性问题。

问题1：权力

每个组织本质上都是一种政治体系，由各种争夺权力的个人、团体和联盟组成。在转型状态下，随着现状瓦解，新设计下的组织正在逐渐成形，组织内部争夺权力的激烈程度跃升到一个新的水平。无论是个人还是集体，如果相信即将到来的变革将导致其在组织中的相对权力地位产生重大转变，无论这种变革是好是坏，他们都将更加积极地参与到各种政治活动中。此外，由于新的设计、战略或方法与个人价值观或其心中的组织形象相冲突，个人和团体有时会进行政治抵抗。以通用汽车为例，无论是在别克、费雪车身还是 GMAD，其员工都怀着强烈的忠诚感和认同感，仓促重组与这些感受相冲突。玛丽安·凯勒便指出，对这些人来说，重组就像一场带有敌意的收购。

问题 2：焦虑

对于那些参与其中的人来说，从当前状态到未来状态的转型是一场从熟悉到未知的恐惧旅程。人们自然会有很多担忧。如，公司还需要我吗？我会有新老板吗？我的工作将如何变化？我能保持现在的状态吗？我需要学习新技能吗？我现在所走的职业道路还有意义吗？，等等。所有这些担忧都归结为同一个问题，也是每个人一听说即将发生组织变革就会担心的问题——"这对我有什么影响？"这个问题悬而未决的时间越长，答案越少，人们经历的压力和焦虑就越大。不久，人们的行为和工作表现就会开始受到影响。至少，对于即将发生的变化，压力会妨碍人们从外界获取和整合信息的能力。他们往往沉浸在非理性甚至是自我毁灭的行为之中。更为典型的做法是，他们会以微妙、被动的方式来破坏新的流程和程序。

问题 3：组织控制

重大再设计会扰乱正常活动，破坏常规的管理控制系统，特别是那些嵌入正式组织的管理控制系统。管理者们会开始感到组织正在失去控制。随着目标、结构和员工进入转型状态，监测和纠正绩效表现会变得越来越困难。此外，因为大多数管理和控制系统的设计是为了保持稳定性，所以它们天生不适合管理变革时期。

我们的经验清楚地表明，管理者可以做一些特定的事情，来解决每一个与变革相关的问题。这些策略并不一定能保证成功，不过，它们是许多组织在管理有效变革时都会采取的普遍行动。

第四，再造植根于利用新兴的信息技术，可以从根本上再造业务流程。它的支持者马上会解释，这里说的并不是传统的自动化。因为传统的自动化结果可能是更高效地使用计算机来执行无关或不必要的活动。相反，再造概念的支持者认为，对于管理者甚至可能不知道的问题而言，信息技术就是解决方案，关键是要找到应用这一解决方案的地方。

从理论上讲，有望找到一条提高效率和营利能力的捷径，使得重组在许多方面都具有巨大的吸引力。它迅速吸引了大批热情的拥护者。咨询顾问和信息技术供应商很快发觉营销这一新产品和服务的潜力。商业媒体像往常一样，急于宣布"下一个大事件"。20世纪80年代早期到中期，高管们经过一轮大幅的成本削减，却发现利润压力并未缓解，而再造所承诺的大幅节省成本，使得高管们也趋之若鹜。随着越来越多的公司开始再造，他们的竞争对手也感受到再造的压力，否则可能被时代所抛弃。

结果呢？根据 CSC Index（卡尼指数公司）在 1994 年发布的"企业再造状态报告"，与其他公司相比，波士顿咨询公司对再造运动的推动最大，但追踪已完成的再造工程后发现，组织 67% 的努力要么收效甚微、要么彻底失败（Davenport，1995）。此外还证明了再造既具破坏力，又耗时，而且极为昂贵。回头看，再造未能符合其支持者所期盼的宏伟期望，主要由两个原因所致。首先，无论初期主张再造的人抱何想法，再造很快变会成裁员的委婉说法。在咨询和信息技术公司中，提出再造的人本质上是在告诉管理者们："喏，不要零零星星地解雇员工了。经过再造，可以裁撤整个部门了。"事实上，1994 年的 CSC 指数报告显示，73% 的受访公司进行了再造，平均减少了 21% 的工作岗位。作为大规模杀伤性管理武器，再造的名声越来越响亮，以至于越来越多的公司一提再造便会遭到各层级员工的顽强抵制，人人都心怀恐惧。

此外，再造单单关注工作的技术层面而忽视其社会影响，因而忽略

塑造政治态势

与权力重新分配相关的问题要求管理者把组织当作政治系统来理解和管理。即将到来的变革的第一个切实的信号,就会立即在组织内引发狂热的政治活动,在那些反对变革的人群当中尤为如此,会将人们的精力和注意力从正常工作中转移开来。因此,在宣布改变之前,以及整个实施的进程中,管理者要采取行动并持续努力,去塑造和管理政治态势,这一点至关重要。通常可采取以下四种方法:

1. 通过赢得关键权力团体,建立一个支持变革的群体。 作为一个政治体系,组织当中充满了团体、派系、联盟和特殊利益,都在对权力、职位、地位和资源展开竞争。有些人会赞成即将到来的变革,有些人会反对,而有些人则毫不在意。管理者需要建立一个支持变革的关键群体来面对政治挑战,这一群体不一定是数量上的大多数,但要有影响力,他们的支持最终可以帮助赢得大多数人的认可,让大家接受变化。

第一步是确定组织内关键的权力关系,并确定在即将到来的变革中,哪些群体和个人获益最多或损失最大。我们强烈推荐的一种方法是绘出利益相关者地图,不仅能说明谁可能采取何种立场,还包括他们之间的关系和影响模式。在观察到明显的初步反应,在对之后的一连串反应进行预测时,上述图表会非常有用。

第二步是考虑构建支持的具体方法。第一个方法,也是到目前为止最关键的一个,是参与。在失败的变革中,我们最常看到的一大缺憾,是在未来状态中预计成为主要利益相关者的人没有恰当地参与到变革中。管理者经常闭门开发新设计,要么自己开发,要么由一两个咨询师或得到信任的顾问协助开发,然后再向高管团队和组织提出一套确定的完整方案。这样做可以预见的反应是怀疑、愤恨和抵制。

而如凯泽、施乐和康宁般成功管理大规模变革的公司，则竭尽全力一次又一次让整个组织中的上百人参与设计变革的内容和实施规划。参与这个流程的人，不仅对即将到来的变革有掌控感，而且在构建支持力量所必需的大规模关键群体中，这些人往往会成为核心力量。

不过，值得注意的一个现实情况是，有些人的参与可能会产生破坏性的影响，只是加强了他们阻碍变革的能力。在这种情况下，正确的战略可能是通过谈判达成协议，赢得他们的支持或中和他们的反对。或是孤立，将反对变革的人重新分派到组织主流之外无足轻重的职位上。在极端情况下，若个别人仍坚持激烈地反对变革，管理者必须权衡可能性，考虑彻底将其解雇。

2. 通过领导者的行动和行为建立政治推动力。 通过发出明确信号、提供关键支持和给予奖励，领导者有极大的权力来塑造观念，创造政治推动力。

首先，领导者可以勾画出未来状态的清晰愿景。其次，他们可以作为榜样，通过自己的行为来展示期望他人做出的行为。第三，领导者可以奖励关键个体和特定类型的行为，发挥关键作用。第四，领导者可以利用资源和政治影响力，消除障碍，创造变革推动力。最后，领导者可以通过个人行动发出重要信号。在变革期间，他们的日常言行举止会变得格外重要。比如参加某些会议、使用关键的短语、肢体语言的细微差别等，每一种都能以非正式的组织方式传递出强有力的信息。有意使用非正式的信号在影响他人态度方面起着巨大作用。

3. 创造性地使用象征性标志，让他人感知到支持变革的动力。 象征性标志在政治和社会运动中非常重要，由于组织变革的氛围充满了政治色彩，象征性标志也发挥着类似的重要作用。象征性的语言、行为和物料都创造出焦点，让人识别并感觉到，改变不仅势在必行，而且已经在进行中。

例如，在 1992 年，杰克·史密斯被任命为通用汽车的 CEO 后，立即开始对通用汽车进行精简和现代化改造。实际上，仅仅三周后，他就解散了 CPC 和 BOC，这两家公司是在 1984 年那次毫无成效的组织变革中建立的。在繁忙的事务中，史密斯把他的办公室搬出了通用汽车总部大楼 14 层的高管套间，放在了沃伦附近的通用汽车技术中心，那里是新的北美运营业务群的总部。对于有着精英主义传统的高管层且人们都对此习以为常的公司来说，这是一个强有力的象征性举动。

由于象征性的标识可以产生强烈的情感力量，管理者对此必须时刻警醒。凯勒曾描述过一个令人极为心酸的场景。在 1984 年通用汽车重组期间的一个晚上，别克第四代员工和他们的家人聚集在密歇根州弗林特，参加一场正式的晚宴。不知为何，通用汽车的工作人员选择在同一天将别克的标志从工厂中移走，换成新的 BOC 标志。别克员工们因此勃然大怒，这是意料之中的事。他们都是别克工人的孩子、孙子和曾孙（Keller，1989）。

4. 建立和保持一种稳定感，减少由焦虑引发的政治活动。 若组织中普遍存在不确定性，就很容易导致政治冲突，并使之变得具有破坏性。组织必须提供一些"锚"，好在转型中创造一种稳定感。

第一，在实际开始实施变革之前，管理者应该向人们提供尽可能多的关于变革的信息。第二，在整个转型时期，如果管理者都能谨慎地保持信息的一致性，那么即便面对变革，人们依然可以保有一些稳定性。反过来，管理层中任何不一致或混乱的感觉都会加剧不稳定性，且会强化那些希望有机会阻止变化的人的决心。

第三，在组织名称、管理流程或特定的工作分配等方面，保持某些业务中的高可见度，对于保持整体的稳定感是必要的。最后，在变革过程中，确保员工清楚什么没有改变，这很重要。从文化的角度来看，康宁、施乐和 AT&T 的高管们认为，需要不断向员工强调历史悠久的价观和信念，即使组织出现大规模重组，这些价值观和信念也不会改变。在更为基本的层面上，告诉人们所有可能的信息，知道什么在变、什么没有变，这是合情合理的。不管真相是多么令人不安，但总比在饮水机旁传播的流言要强得多。

激励建设性行为

我们在前文中提到，一旦宣布变革，每个人最想知道的问题是"这对我有什么影响？"这并不奇怪。每个人都在自己的戏剧中扮演主角，如果有人突然从我们的手中夺走剧本，这当然令人害怕。

焦虑会导致许多可以预见的反应，如从恐慌、退缩到积极抵抗，这些反应并不令人惊讶。在某种程度上，管理团队的作用就是要缓解焦虑，激励建设性行为，管理者提供信息，并奖励那些积极地表现出对组织变革有利的行为的人。具体的四个行动步骤如下：

1. 创造或揭露对当前状态的不满，让员工为变革做好准备。人本质上是习惯的俘虏。我们会对已知状态感到舒适，对未知感到恐惧。我们当中很少有人敢于冒险，在没有相当充分理由的情况下，不会迈向未知的危险领域。管理变革的一个关键步骤，便是帮助员工理解为什么"前进一步"符合他们自身的最佳利益。管理者必须让员工看到，认为一直以来现状都很美好，而且这种美好会持续下去，这样的想法是多么不切实际。目标是将员工从惯性中"唤醒"，并说服他们至少考虑改变的必要性和未来的可能性。

在这个阶段，提供有关业务环境变化的具体信息很重要，这些变化会让管理层决定有必要改革组织。强调人们的看法与现实情况相距甚远是有用的，指出若不改变则可能全面陷入混乱等后果也格外有说服力。有时候，与其让管理者来展示灾难情景，不如让基层员工去收集信息并表达自己的看法，这反而会更有效。比起管理层的声明，员工往往更相信同事的观点。

在这段时间里，管理者与员工进行高密度沟通是绝对必要的。极度焦虑会损害人们正常思考的能力。大多数人在第一次接收信息时，是完全无法准确地听到并全面整合信息的。因此，管理者与员工有必要通过各种媒体，对关键信息进行两次、三次、四次甚至五次的沟通。例如，在凯泽永久医疗体系的再设计中，大卫·波克尔和参与再设计工作的管理者们每月定期与全体员工举行电话会议，随后，在每一处办公地，员工都有机会与管理人员和设计团队成员进行私下交谈。事实上，从再设计的初期开始，员工沟通就在凯泽的实施战略中发挥了关键作用。

2. 通过广泛参与规划和实施变革来激励人们。我们再怎么强调员工参与变革过程的重要性都不为过。它能让员工感到兴奋，加强沟通交流，并做出更好的决定。当然，员工参与也会带来一些成本：需要时间，需要放弃一定的控制权，可能会产生冲突和增加模糊性。那么，问题就在于管理者选择在何处、何时以及如何让员工参与其中。

员工可以参与早期的问题诊断、设计或开发解决方案、规划实施计划或实际的执行过程。可以是亲自并广泛参与，也可以是通过代表间接参与，选择是多种多样的。撇开细节不谈，经验表明，有某种形式的参与，总强过由于完全不参与而在日后必然产生的成本。

3. 确保在转型状态和未来状态中以可见的方式奖励期望行为。通常组织在转型状态中，旧的奖励系统已经失去了与新目标的相关性，但仍未被取代。因此，员工有时会发现，他们被要求开始以新的方式表现，但要得到奖励只能继续按照旧的方法。实际上，正是因为他们做了成功改变所需要的事情，而遭到过时奖励系统的惩罚。因此，在转型时期，管理者对业绩、薪酬和晋升给予特别关注是至关重要的。此外，管理者还应该仔细管理如认可、表扬和特殊任务等非正式的奖励，以确保它们支持所期望的新行为。当务之急之一，应该是尽早为未来状态创造一个适当的奖励系统。

4. 给员工足够的时间和机会，让他们在情感上与当前的状态脱钩。员工会将组织变革与个人的失落感联系在一起。当放弃旧结构时，他们不免会经历一个相当于哀悼的过程。管理者需要理解并协助这一过程，为员工提供足够的时间和适当的机会，帮助其度过对旧结构的哀悼期。

管理转型期

由于转型状态与生俱来的不稳定特性，组织变革期间往往会出现严重的控制问题。当前状态已经瓦解，但未来状态仍在形成中。保持控制的唯一方法是借助熟练的管理手段和对于细节的关注。同样，我们提出四个具体领域，这是管理者可以着力的地方：

1. 通过打磨和传达未来状态的清晰图景，聚焦注意力和活动。没有重心的变革会带来巨大问题。如果员工不知道往何处去，那么就很难按明确的方向管理员工。在缺乏指引的情况下，组织会遭遇"转型瘫痪"。由于人们不再确定什么是合适的行为，组织中的活动会渐渐停摆。

为了达成未来状态，首先，管理者必须做的第一件事是开发尽可能完整而全面的设计。至少，他们应该提前阐明愿景。其次，管理者应该尽可能起草一份声明，指出变革对组织每个部分的影响。再次，避免不必要的改变、极度调整，或在转型期间产生与愿景自相矛盾的观点，这很重要。最后，新的组织设计必须真实、可见和具体，尽可能多地包含关于结构、流程和汇报关系等的详细信息。

2. 实施多种一致性的关键举措来撬动行为的转变。这与我们之前讨论的组织一致性模型及其在管理变革中的作用有关。比起通常情况，在转型期间，组织各组件之间不"契合"的可能性会大大增加。管理者应该持续从工作、人员、正式结构和非正式安排的角度思考变革，并且应该在转型的整个过程中密切监测这些关系。

3. 通过使用特殊的转型管理工具来保持控制。 由于在许多方面，组织的转型状态与当前状态和未来状态都不同，经常需要专门为管理转型创建正式的组织安排。可能包括：①转型经理；②特定的转型资源，包括预算、时间、人员；③特定的转型期组织结构，如双重管理系统和后备的支持系统；④转型计划等。这些都可以帮助管理层将注意力聚焦于在转型期间无法避免且毫无准备的难题。

4. 积极寻求反馈，获得对转型状态的评估。 在转型期间，管理者了解公司内部的情况尤为重要。但剧变通常会扰乱正常的反馈渠道；由于员工愈发焦虑，他们不愿将坏消息告诉老板。

因此，在组织转型期间，管理者构建有重点的新反馈机制至关重要。正式的方法可能包括个人访谈、焦点小组、调查或在一般商务会议中收集反馈。除此之外，建立非正式渠道尤其有用，特别是高管和员工在公司之外的面对面接触。最后，管理层可以通过让关键人群的代表直接参与规划、监测和实施设计变革方案来促进定期反馈。

简而言之，转型管理需要一开始就把重点放在传达未来状态的清晰图景上。接下来，管理者需要密切关注组织不断变化的形态，并在必要时开发特殊机制来管理转型时期。最后，即使正常的事件进程扰乱了所有正常的信息渠道，保持稳定的反馈流也至关重要（见图 10-2）。所有这些都是管理转型的重要因素。

实施和文化

如果你仔细想想会发现，我们关于实施的大部分讨论都围绕着组织的某些方面，而这些方面并没有表现在任何正式的图表上。意识形态层面的政治联盟、集体的自我形象、影响网络、职业期望、行为模式、非正式的反馈渠道等许多问题和相关的解决方案都涉及文化，也就是所谓组织管理和设计的"软材料"。

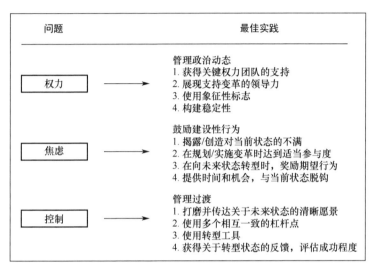

图 10-2　管理组织变革

技术架构和组织架构之间有一个明显的相似之处，硬件和软件的概念对二者都适用。在组织中，正式的结构和流程相当于硬件，即提供计算机信息处理能力的机箱、芯片和操作系统。但是，人和文化，即软件，赋予了这些框框和线条以生命，并决定了接受处理信息的形式和内容。硬件和软件离开彼此便毫无作用，如果不相匹配也毫无效果。正式结构和非正式文化也是如此。

我们的目的并不是对文化进行深入探索，其他许多著作中都详细剖析过文化。但是在实施组织设计的背景下，对于管理人员来说，须对组织架构的这个关键方面有最为基本的了解。就战略性设计而言，事实上，在被分组区隔开的员工和单元之间进行协同时，战略性连接是一个必要的但并不够充分的要素。正式连接必须得到非正式运营环境给予的支持，才会助力符合设计要求的工作流程和绩效模式。在通用汽车，几十年来，设计师、工程师和生产人员之间充斥着敌意和不信任，再加上员工是对各个部门忠心耿耿，而非忠诚于整个公司，这种观念根深蒂固，不会单单因为高管们的一纸宣言，宣告通用汽车将在一夜之间成为效率和团队合作的典范，就能轻易抹去他们对所在部门的忠诚。这不是组织的运作方式。

随着各种工作分组之间相互依存的模式变得更加复杂，在提供强化结构化联系的社会"黏合剂"方面，非正式组织的作用变得越来越重要。此外，就像关于分组和连接的决策必须应用于整个组织各个层级一样，管理者也必须敏锐地调适自己，以适应大型企业内子单元文化的变化。

事实上，文化，按我们的术语来说，也就是非正式的组织安排，是以持久的方式重塑组织架构中最为困难的一个方面。于是，如施乐主席保罗·阿莱尔般经验丰富的高管和管理者都会一再提醒他们的员工："软件才是硬件。"

价值观、信念和规范

任何组织文化的基本组成部分都是价值观和信念。一方面，核心价值观表达出组织相信何为好的（或不好的）。无论你同意与否，价值观都不能被证明或否定。例如，康宁公司列出了 7 个公司高度认同的价值观，如"诚信""质量""绩效"和"技术"等。这些基本上是信条，是集体优先事项的宣言。

而另一方面，信念体现了关于世界如何运转的特定观点。它们暗示着因果关系，可供人们商榷。技术创新可奠定市场领导地位，服务客户的热情能发展业务，卓越质量能提供强大的竞争优势，所有这些都是人们广泛持有的信念。在特定的行业或竞争环境中，它们可能有效，也可能无效。

规范是文化的第三个要素，是价值观和信念的行为表现。规范是一套期望，关于人们的行为如何与组织的核心价值观和信念相一致。

文化的前二个方面是共享价值观和信念。文化是一个群体中人们共享的一套价值观、信念和规范（即：期望行为）。因此，文化是由人们共同持有的价值观和随着时间的推移共同形成的信念来定义的。

文化为组织成员提供了一张组织的整合图景。其中，核心价值观、信念和规范并非随机凑在一起。相反，它们相互契合，形成了关于组织以及理想运作方式的更大图景。它们提供了一个概念框架，帮助个人定义自己的角色，并帮助聚焦个人和群体的行为。

随着时间的推移，文化变得更加强大。员工坚守的价值观和信念滋养了自身的职业生涯，塑造了职业关系，一旦文化深入人心，他们就会强烈抗拒改变。这种典型的惯性既是所谓文化现象的主要优势，也是其潜在的致命弱点。如 AT&T，在前 70 年，价值观和信念体现为企业的低成本大众服务，这几乎成为 AT&T 的宗教信仰。公司认为，自身的工作不是商业活动，而是一种崇高的公共服务，在某些方面确实如此。几十年来，AT&T 是处于垄断地位的好企业，这种文化为公司和客户提供了卓越服务。但在法院下令分拆之后的几年里，AT&T 曾力争在竞争激烈的电信行业成为积极进取、勇于创新的竞争者，却因这种以服务为导向的文化而遭受阻碍。

在某种程度上，价值观和信念存在于每个组织中。例如，在施乐，服务客户从公司成立之初就一直是一项指导性价值观。在 3M，每年新产品销售额都有望占相当大的比例，而其核心价值观是创新。在 ABB，当珀西·巴列维着手在世界各地建立松散的公司网络时，"全球化思考，本地化行动"这句被滥用的格言不再是老生常谈，而是核心价值观。

虽然在很大程度上，价值观可能只流行一时，但在规范中或明确指定的行为方式中，它都会得到公开体现。规范为可接受的行为提供指导，组织的核心价值观越清晰，成员的行为规范就越一致。

规范能指导组织生活的方方面面。它们既定义重大问题，包括"如何做事""怎么才能出人头地"和"我们如何对待员工"，也包括更日常的问题，如合适的着装、幽默感、语言风格、如何真正做出决策、谁的车停在哪、谁和谁一起进餐、每周工作多少小时、如何处理冲突等。各种团体执行着他们的准则，也惩罚违反准则的人。此外，组织招募、社交和培训组织中的新成员，这些新成员将延续传统，并得到一整套核心价值观的支持。

在不同核心价值观的驱动下，相似的组织可以展现出截然不同的规范。例如，在一些公司里，经理们在与总裁开会前一定要系紧领带，扣好西装扣子。在其他行业，比如在很多高科技公司，穿西装打领带去与总裁开会是严重失礼，明显违反了该组织反公司化的价值观。这些非正式着装要求所体现的规范清楚地反映了组织的核心价值观，包括做事一板一眼、与客户高频互动，以及"抛掉繁文缛节，开始工作"。大家都知道，当和老板开会时，没有人会发备忘录解释该如何着装。

文化和绩效

显然，文化是组织架构的重要组件。但文化和绩效之间的关系并不明晰。

成功的公司往往有高度聚焦和广泛共享的价值观，并努力保护这些价值观，即使在剧烈变化的时期也是如此。20世纪80年代，施乐经历了一场巨大的变革，本质上再设计了自己，以重新获得市场领导地位。在这期间，管理层花了很大力气提醒员工，组织的服务客户等核心价值观并没有改变。

在规模的另一端是价值观模棱两可或不一致的组织。总的来说，这些组织总是表现平平。例如，Technicon 由于缺失清晰的价值观，从一片创新的热土逐渐转变为一家从外部引进新工艺的公司，导致研发部的产品开发停滞，实验室的每个部门都在朝着自己的方向前进。

在你得出这样的结论，认为高度聚焦和坚定的价值观和信念是企业成功的秘诀之前，想想通用汽车、美国钢铁公司和宾夕法尼亚中央铁路公司。这些公司之所以都遭受了灾难性的挫折，正是因为它们拼命坚守不再适合自己的价值观和信念。

换句话说，强大的文化看起来是成功的先决条件，但不保证一定会成功。强大的文化虽会带来专注的行为，但完全有可能使员工坚持使组织功能失调的行为，而不符合组织长远发展的最佳利益。以通用汽车为例，文化，甚至更强的子单位文化，只是单纯地加强了员工对传统价值观、信念和实践的广泛坚持，强化了公司无敌于天下的感觉，而对正在改变竞争格局的历史性变化视而不见。

随着时间的流逝，文化所推崇的价值观和信念与组织内个人的价值观和信念融为一体，界限模糊，于是，真正聚焦的文化会变得根深蒂固。文化及其成员实际上在相互促进。在许多情况下，组织的文化吸引了某些类型的人。员工与公司文化越合拍，就越有可能取得成功并晋升到高级职位，从而影响并维持公司文化。随着时间的推移，文化能够自我延续。

因此，文化是一把双刃剑。一方面，文化可以成为非正式组织的基石，影响员工行为并推动业绩朝着期望的方向发展。一个清晰、连贯、强大的文化可以为组织注入巨大的能量，并为正式组织提供必要的支持。在某些情况下，就像通用汽车公司的案例一样，正在实行的正式组织变得过时了，非正式组织实际上可以取而代之，采用成本更低、效率更高的流程。此外，强大的文化可以使一个组织总体上保持在正确的轨道上，即使在间断出现的领导力低下时期也不例外。

但另一方面，组织文化可能会过时。如果工作或战略发生变化，以前有效的文化可能会出现严重的功能障碍。以 BOC 为例，其客户分布于全球，技术快速创新，在这样的时代背景下，不同国家的不同天然气公司拥有绝对自治的传统可能是取得成功的重大障碍。如果周先生没有努力灌输一种基于协同和共享技术的新文化，很难想象在更长的时期内，BOC 如何能保住其作为一家国际上主要竞争者的地位。

问题在于，不同于战略、工作或正式结构，这些内容可以相对快速地改变，但文化的变革很困难，需要时间。虽然战略、结构和特定员工可能会改变，但文化仍然根植于组织的历史，埋下了冲突和伤害的种子。

组织文化必须适应不断变化的战略和目标。管理文化变革所面临的挑战，是尽可能多地强化核心价值观，即便在剔除过时的价值观、增加反映当前战略需求的新价值观时，管理者也要同时加强与过去的联系。

关键的实施任务

在本章中，我们相当宽泛地说明了实施新组织设计所涉及的两个大概念。第一个概念是变革管理。组织迈向未来状态总是需要经过一个转型状态，而这需要强有力的领导和从容不迫的管理。第二个概念是文化以及以适合新的战略设计的方式管理和塑造非正式组织的需要。

在我们结束这个话题之前，还有两点值得一提。首先，将合适的人安排在合适的岗位上是实施工作的一个组成部分，这一点至关重要。虽然这似乎不言自明，但事实是，有太多的组织选拔员工，甚至某些情况下运营设计团队自己选拔员工，都是基于这样的理念，要确保当前的团队中没有"掉队的人"。照顾现有员工无疑值得称道，但事实是，目前占据高级岗位或关键管理职位的人，在情感上可能非常执着于旧的组织结构和文化，其经验也有限，从禀性或个性角度看，也非常不适合新设计下的各种角色。

在大多数情况下，组织设计的成功或失败取决于如何识别正确的人，并将其安排到合适的工作岗位上。另外，我们提出了一种名为战略选才的具体流程，在为再设计创造出的新职位寻找合适的管理者时，大型组织成功应用了这一流程。这是一个相当正式的流程，可对每个职位大量潜在候选人的优缺点进行详细评估，客观地匹配职位要求。无论采用何种流程，管理者都必须明白，出于感情、忠诚，甚至是为了避免非常不愉快的个人冲突，去任命关键职位，会轻易摧毁最出色的设计构想。

第二点我们现在应该很清楚了，那便是设计和实施之间的界限非常模糊。事实是，这两个过程不可分割，实施越早成为设计的关注点越好。我们已经看到，关于谁参与设计的最初规划、谁参与流程的后期阶段以及如何使用设计流程来建立政治支持的决策，都直接影响到实施的成功。类似的，在理论上流程已经进入实施阶段后，仍会进行大量的运营设计。

表 10-1 提供了一种将流程可视化的方法。它说明了设计和实施之间的关系，而设计和实施与组织的硬件、软件和人员都有关。

表 10-1 关键实施任务

	硬 件	软 件	人 员
设计	基于架构，对组织结构、流程和系统进行设计	基于架构，对文化、规范、领导模式和所需行为进行设计	为关键岗位和角色进行选择和选拔
变革管理	为实现新硬件安排，计划和执行对资产的安装和转移	为了带来所需的软件变化，计划和执行相应的干预措施	为员工进入新角色进行规划并执行

回顾通用汽车

回想起来，1984 年通用汽车重组中最引人注目的失败，很可能是人们都认为，这一由骄傲、独立、不合作的部门形成的庞然大物，以及成千上万分布在北美各地的员工，可以在一夜之间转变成为完全不同的组织形态。

我们管理组织变革的 10 个行动步骤，是通用汽车没有做到的事情。员工们不知道接下来会发生什么，极度缺乏信息。焦虑和困惑情绪高涨，随之而来的是攻击性和明显的敌意。对于转型期的管理显然是事后才想起来，管理者似乎根本没有考虑过管理内部政治。与一开始就导致通用汽车走向灾难边缘的极度傲慢相一致的是其内部假设，管理层只需下令进行大规模重组，组织各个部分就会各就各位。

但事实并非如此。由一小群高管在外部顾问的帮助下所决定的重组，没有任何工人和低层管理者参与其中，而他们本可以指出重组的缺陷。最终，重组失败了，没有实现效率、团队合作以及协同设计、工程和生产的主要目标。重组后的八年组织中问题重重，代价高昂，在 1992 年，CPC-BOC 结构解散，取而代之的是两家集团合并成的一个实体——通用汽车北美公司。

随着时间的推移，再设计正迅速成为组织生活的常态，成功的管理者必须掌握设计、实施并管理变革。在最成功的组织发展进程中，曾经很少进行设计变革，但现在这已经成为一种正常、持续的流程。适应能力强的组织能够快速有效地响应新情况，并根据需要重新配置以支持新战略。我们将在第 11 章看到，在未来的 10 年中，在实践中不断进行再设计的需要，将对几乎所有组织和相关管理者产生重大影响。

第 11 章

把握再设计的时机

让我们来回顾一下在前面章节所关注的一些公司,以及它们近年来相继经历的变革浪潮。

施乐在过去 10 年中进行了几次小规模的重组后,于 1992 年进行了一次根本性的再设计。新的架构清除了旧的职能型组织,取而代之的是一个错综复杂、相互交织的混合体,拥有半自治权的部门和共享的业务流程。仅仅四年之后,也就是 1995 年,施乐宣布在 1992 年架构的基础上进行另一次重组。这一次,施乐将其九个业务单元合并为三个大型业务集团,将分散的客户运营部门统一交由一位高管管理,并取消了整个高层管理层级。

AT&T 在 20 世纪 80 年代拆分后力争取得成功,重新梳理并调整了组织结构,专注于长途电话和移动电话服务、网络系统和计算机。但 6 年后,随着电信行业不断涌现新技术、新产品、新竞争对手和新威胁,新的结构显然已经过时。看到大规模放松管制无可避免以及随之而来的挑战后,AT&T 于 1995 年决定分拆其计算机部门 NCR 及网络系统和通信产品部门,改名为朗讯科技公司,这是美国公司历史上最大的一次自愿分拆。我们在第 10 章中看到,在 1984 年,通用汽车彻底重组汽车部门、工程集团和制造业务,试图克服其缓慢、低效和昂贵的产品开发过程。重组后的 8 年中，组织偶尔出现混乱，业绩令人失望，成本步步上涨，最后通用汽车放弃了最早的重组结构，再次将两个庞大的部门合并为通用汽车北美公司。随后又进行了规模较小的重组。在 1996 年，通用汽车将其 GMC 卡车部门与庞蒂亚克合并，以进一步削减成本。

这些公司重组的情况各不相同。然而，它们都说明了当今再设计的一个重要事实：无论多么成功的公司，无论其构思如何精妙，实施最新设计之初如何顺利，由于受到强大力量的左右，在不久的将来难免要进行新一波的变革。

但是，在以前，一个可行的组织设计可以持续多年，当年流传下来的变革观念依然束缚着大多数管理者。阿尔弗雷德·斯隆（Alfred P. Sloan）的"部门主义"架构帮助通用汽车雄踞市场主导地位达 30 多年，但那些日子一去不复返了。如今，成功的管理者明白，组织存在于一个动荡的竞争环境中，由一套动态关系构成。经营一个组织所面对的变数越来越多，而且又不断生出新的变化，假设任何一种设计方案能长久地维系组织的生存能力，直至遥远模糊的未来，这并不合理。

我们已经看到，由于新竞争者的出现、市场变化、经济趋势改变、新的立法和司法干预以及技术创新，影响组织战略的外部环境不断受到冲击。环境中的重大变化通常会导致战略发生实质性变化，这反过来又需要新的组织设计。而且，你一旦认同这一理念，即"设计本身就是组织竞争优势的主要来源"，那么不断地预测、设计和实施新设计的能力将成为一种非常宝贵的组织能力。

到目前为止，我们已经从单个事件或一系列事件的角度讨论了设计，如康宁公司重新启用黑堡工厂的设计，施乐独立业务单元的新架构，SMH 对瑞士钟表业的再设计等。但最近的历史表明，越来越多的公司正在经历一种模式，即在持续不断的再设计中，有些成功，有些失败。组织经常被设计和再设计。一些再设计仅仅是一些小的修补，而另一些则是从头开始创建一个全新架构。

在本章中,我们将关注的重点转移到战略性设计上。我们不将战略性设计视为一个有着明确开始和结束时间的静态事件,而是一个偶尔会暂停但永远不会停止的动态过程。我们将视角放在组织结构随着时间推移的持续发展上。首先研究了推动持续不断进行再设计的因素,且在某些情况下,这些因素使再设计成为一种必然选择。然后转向与反反复复进行再设计相关的典型问题。最后,我们提出了随着时间的推移如何成功进行再设计的一些基本主张。

再设计的根源

如今,组织存在于真正稳定的环境中几乎是不可能的。在组织内部和外部环境中,众多变化必然会要求组织进行再设计,或者至少,再设计非常有吸引力。我们已经确定了推动组织走向再设计的七个因素,从关注整体环境变化开始,逐渐聚焦到组织内部的具体问题。

1. 行业发展的模式。研究表明,几乎每个行业的演化都经历了相当可预见的阶段性模式(见图 11-1)。每个阶段的细节和持续时间因产业而异,但一般性模式保持得相当稳定,这在专业文献中称为"S 曲线"(Tushman and O'Reilly,1996)。每个阶段对组织都有重大影响,需要不同的战略和组织设计:

第一阶段:新兴行业。在新兴行业或新兴产品类别的发展早期,不确定性无处不在。技术、产品、市场都给最初的参与者带来了重大风险和挑战。在世纪之交,没有人知道替代马车的交通工具会采用哪种动力来源,无论是汽油、木材、煤炭还是电力,任何一种都得到许多发明家和企业家的极力拥护。计算机产业的发展早期也同样令人困惑。回想起来,对于计算机可能如何使用以及谁会需要计算机,业内几乎没有一个清晰的愿景。

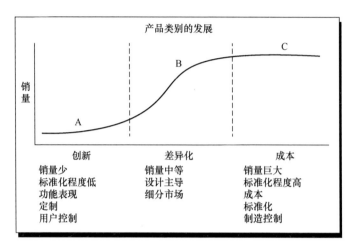

图 11-1　行业发展阶段

在早期阶段，公司之间的竞争是基于功能表现，如，哪一种汽车、复印机或计算机操作系统表现得最好。新兴的竞争者在尝试和错误中学习，在前进中快速创新。成本不是问题，公司对早期用户的定制需求高度敏感。

第二阶段：行业进化。随着产业或产品类别的演变，用户需求的增加吸引了大量新的竞争对手。产品类型之间的竞争（例如，汽油发动机和电力发动机，卡式录音带和八轨道磁带）最终导致产业标准化。在某种程度上，由于技术或市场的优势，出现了一两种标准产品形式，例如宝丽来拍立得相机，或者个人电脑的 Windows 和 Macintosh 操作系统。在某些情况下，一个里程碑式产品的成功形成一个主导设计，能够影响特定的行业或产品类别多年甚至几十年，例如 DC-3 飞机、IBM 个人电脑和 Macintosh 图形用户界面。

行业标准或主导设计的出现标志着战略重心从主要产品创新转向更多的渐进式产品演变和流程创新，这是一个重要转折。组织开始在增加产品差异化和降低成本的基础上细分市场。随着产品变得更加标准化，企业将重心转向流程创新，通过提升效率寻求竞争优势。在这一阶段，市场营销、研发和生产的重要性都有所提升。随着新市场的出现，公司的响应是提升专业化程度，这反过来又需要更复杂和相互依存的组织设计。随着复杂性、规模和产量的增加，比起原先的创业组织，组织对专业化管理的需求更为深入。

第三阶段：成熟行业。随着用户需求趋于平稳甚至下跌，竞争的基础再次发生变化。在成熟的行业和产品类别中，竞争主要集中在成本、效率、渐进式产品和流程创新上。虽然一个产品类别在成熟阶段可能营利能力颇高，但其成功在很大程度上取决于效率、标准化和创新的营销和销售。在汽车行业，如克莱斯勒的小型货车或马自达的 Miata 跑车等真正创新的产品很少。其实，主要竞争对手已经把注意力转向可缩短的上市时间。在 20 世纪 70 年代和 80 年代，底特律通常需要 4～6 年（GM-10 项目需要 7 年）才能将一辆新车推向市场。到 20 世纪 90 年代中期，新汽车的设计和制造只需要 3～4 年，但这仍然不够快——日本的竞争对手制定了 18～24 个月上市的目标。将开发时间保持在最低限度变得越发重要，这既节省了大量的管理费用，也体现出组织将新产品快速推向市场以满足消费者需求的能力。

在一个行业的成熟阶段，公司倾向于标准化产品线，我们也看到，公司还会投资增量型产品和流程变革。这些组织往往越来越大、按职能架构且官僚化，很少产生颠覆性的产品创新，其文化强调稳定性、形式和成本。技术、政治、法律行动、经济发展、社会趋势都能而且确实在影响任何行业的发展上发挥重要作用。随着产业变化，占主导地位的竞争问题也在变化，要求企业进行战略变革，以保持竞争力。这意味着企业要定期重塑结构、流程和运营环境，以跟上变化的步伐。

此外，成功的组织必须能够管理"二元化组织"。虽然我们谈到了行业发展的三个不同阶段，但实际上，这些阶段间界限模糊。因此，管理人员必须能够再设计组织的各个组件，同时继续做那些已经带来成功的事情。

以 BOC 的工业气体公司为例。周先生接手的组织中,在美国、英国和澳大利亚的业务表现不错。他的挑战是重塑该部门的整体架构,在对新兴市场中的国家经营状况做出重大改变的同时,保持其他地区业务的成功。同样,大卫·科恩斯和保罗·阿莱尔不得不将施乐的业务重心转移到数字办公技术的新领域,同时,围绕着生产、销售和采用传统复印工艺的维修服务运营业务继续保持发展势头。

换句话说,管理团队必须创造组织能力,既能服务当下,也能服务未来。有时,这意味着他们要逐步取消产品线,或者替换现有的产品,以便在竞争到来之前迅速进入下一个产品周期。既能为了长远而创新,也必须在短期内临场应变。

2. 非连续性变化。 S 曲线呈现了行业演变的全貌,而战略性设计则是一个相对简单的活动。但这只是分析的第一阶段。

在相对稳定的时期,大多数组织坚持进行一系列持续的战略路径修正,帮助他们适应不断变化的战略目标,并保持组织各种要素之间的良好契合。这些都是渐进式的变革,就所涉及的资源而言,渐进式变革不一定规模很小。但是,如果将这些变革视为组织在当前方向上的有序进展,并且发生在现有架构的框架内,它们的确也很轻微。

然而,在任何行业或产品类别中,这些逐渐演变的阶段会被重大不确定事件带来的周期性剧变(通常称为"不平衡")不时打断。这一事件或一系列事件,可能是新技术出现、政府放松管制或新晋竞争者带来新的产品或流程,并在实质上改变了游戏规则。这是新竞争者浮现所带来的"洗牌"期。现有的公司要么适应变化,要么黯然离场。陷入这些动荡时期的组织很快意识到,对组织进行重大的再设计在所难免。

破坏稳定的一个典型事件是美国在 1996 年年初颁布的里程碑式的电信改革法案,从根本上改变了长途电话运营商、区域电话公司和有线电视服务的竞争规则。甚至在国会通过该法案之前，电信业已经进入大规模动荡期，例如 AT&T 分拆，纽约纽英伦电话公司和大西洋贝尔公司等多家公司建立战略联盟，本地电话公司和有线电视运营商成立合资公司。再例如 AT&T 电话控股公司和琼斯互动有线电视公司在芝加哥郊区运营的合资企业，长途运营商收购本地电话公司、寻求进入本地电话服务领域等。

无论是这种不平衡时期，或是对这种时期的预期，通常会引发剧烈的或非连续性变化，之所以如此命名，是因为它呈现出的是脱离现状的巨大转变（Nadler，Shaw，and Walton 1995）。非连续性变化影响着以其最为充分的形式组织的每一个组件，包括战略、领导力、组织结构和行为都会变化。施乐在 1992 年的重组，尼古拉斯·哈耶克对斯沃琪的重组，两个竞争对手合并为 ABB，以及 1984 年失败的通用汽车重组，都是因市场、技术和竞争性质的巨大变化造成的根本性变化。为了成功，每一个组织都需要全新的战略、结构、流程、领导力特质、人力资源系统和运营环境。通用汽车的例子表明，非连续性变革——尤其是在面临直接威胁的情况下推出的变革——通常有风险且代价高昂，而且如果执行不力，就没有可能成功。

非连续性变化的性质会因时机不同而有显著差异。随着行业或产品类别开始进入不平衡时期，意料之中的变革早早出现在周期的每个阶段。它们是对竞争环境进行战略审视的结果，是刻意减少迫在眉睫的威胁或将潜在机会变现的一种尝试。以 AT&T 为例，早在 1994 年秋天，该公司就收到信号，认识到在一个完全放松管制的环境中，由于核心的长途电话公司和运营网络系统所追求的战略相互冲突，其战略性组织设计将成为一个主要掣肘。到 1995 年中期，管理层决定必须在 1996 年某个时候进行分拆。

意料之中的变革会有相对较高的成功率，主要是因为有充裕的实施时间，环境相对平静，有足够的规划时间，如果早期努力未能达到预期目标，则有机会改变策略或调整计划。

此外，被动反应性变革出现在不平衡时期的后期。它们通常伴随着危机，筹备时间短，成本高，实验机会少，失败风险高。例如，1984年通用汽车进行重组时，其市场份额已跌至35%，现金储备正在蒸发，与来自日本汽车制造商和福特的竞争变得越来越激烈，推出新系列汽车的努力毫无进展。为了重回正轨，通用汽车孤注一掷，不得不由新的管理团队做出校正，转向新方向。

由于非连续性变化涉及战略、组织结构、权力和控制方面的同步变化，其总会造成一定的创伤。显然，对于管理者来说，理解将要参与的变革本质至关重要。每一种类型的变革都由截然不同的设计意图所驱动，而设计意图反过来又规定了一连串的决策，涉及分组、连接、流程系统、文化以及对这些变革的实施和管理。

3. 新的结构性材料。 我们在第7章和第8章看到，随着时间的推移，新的"结构性材料"出现，带来新的组织架构发展。在某个阶段，会加速发展并达到一个临界值，此时，许多组织已经采用了新的架构，使其他组织感到至少要认真考虑修改自己的设计。

近年来，信息技术的迅猛发展为无数新的组织架构提供了结构性材料。在微观层面上，我们对黑堡工厂的讨论显示，在成功运营自主管理团队的实践中，共享实时信息会起到关键作用。如果仍将信息排除在外，严格控制所管理的资产，低层级团队的作用会非常有限。但是，如果工人都能获得关键信息，特别是直接处理生产和客户服务部门工作的一线工人，那么授权将不再是空洞的新时代概念。有了信息，个人和团队能够以前所未有的方式进行独立判断和快速决策。更重要的是，给予再设计应有的地位——信息技术提供了对从前到后的业务流程的全新思考方式，重新部署人员，并以一种在以往时空范围内不可思议的方式工作。

出于同样的原因，在公司层面的设计流程和分组关系上，信息技术开启了新方法。在将正确的信息传递给正确的人这一方面，组织不再受地域、物理工厂、差旅时间和久拖不决的限制，可以自由地与客户、供应商和合作伙伴建立新的关系。

无论新架构所涉及的是自主管理团队、杠杆性业务单元，还是新的战略联盟，越来越多的公司取得了成功，迫使其他公司考虑要使用相同的结构性材料进行自己的再设计。

4. 组织的发展。 随着组织的发展，它的规模不仅会变得更大，还会变得更加复杂。由于组织扩张必然会增加产量，其差异化、专业化程度更高，向客户提供的产品范围也更为广泛，并可在新的地域开展业务。随着员工数量的增长，单元的数量也在增加，相互依存的程度也越来越高。因此，组织需要新的结构和流程来适应高度的复杂性和因此增加的信息处理需求。

在计算机领域也有类似的情况，称为"可扩展性"。当你在屏幕上放大图像时，它会失去锐度和清晰度；图像越大，看起来就会更加参差不齐和不连贯。这是因为你不能单单放大图像，你必须"扩大规模"，即增加像素，按比例将信息添加到屏幕上。组织也是如此，如果你什么都不做，只是让组织一味地变大，它们很快就会变得参差不齐。增长必须伴随着适当的设计更改。

这种现象最常见的例子，是一个成长型公司所遇到的关键转型期，即它从一家创业型初创企业向专业化管理型企业的转变。二者是完全不同的，而许多初创企业未能实现飞跃，是因为其固执地坚持原有的非正式结构和类似家庭的文化，虽然正是这些文化让他们在最初获得了成功。看看硅谷，我们就会发现运用恰当的战略性组织设计持续地匹配企业增长是多么困难，而又多么重要。

5. "成功综合征"。 尽管发展给每个组织都带来了再设计的挑战，但长期以来的市场领导者也面临着一系列非常特殊的问题。我们一次又一次地看到，占主导地位的公司以一种我们称为"成功综合征"的自毁模式，埋下失败的种子。

这些成功的公司经历了我们刚才描述的所有发展问题。随着这些公司变大，其系统、程序和流程变得越来越形式化，以处理更复杂的工作流。组织内官僚主义盛行，以牺牲灵活性和速度为代价实施严格的控制。随着组织在做同样的事情上变得更有效率，其做好新事情的能力变得更弱了。

与此同时，员工与组织的关系越发密切。随着时间的推移，他们的精力越来越集中在保持控制和稳定上。他们管理的组织形成了标准的运营程序、社会化流程、先例、历史和文化等，这些力量重叠交织，便是抵制变革的强大力量。

市场领导者渐渐变得越来越傲慢和自满。他们越成功，在行业或企业经营中越占主导地位，就越认为组织外部发生的事情不重要。他们开始忽视客户和竞争对手的变化。随着过度关注组织内的政治和权力态势，向内聚焦的趋势也随之增长。由于在组织内成功被视为理所当然，失败的风险变得愈发不可接受。人们变得谨慎小心，导致实验停摆，创新枯竭。

此外，助力组织获得最初成功的实践、结构和流程，或者更准确地说，企业传奇视角下通往成功的实践、结构和流程，都被形式化了，被奉上神坛，视为"成为第一的法宝"。每当公司面临威胁，全公司就遵循这些神圣遗产与公司准则，"继续做原来的事，那是我们成功的要义"。换句话说，每当组织遇到麻烦，成员们就会按"法宝"再多做些。

以 20 世纪 70 年代的通用汽车公司为例。傲慢，认为自己永远不会倒下，保守，日益增加的复杂性，痴迷公司政治，对市场的重大变化嗤之以鼻，这些都是通用汽车公司展露于外的特征。公司内部有一小群

"高干子弟"，他们成年之时，通用汽车占美国市场份额接近 70%，为了获得高管职位，他们在各种工作岗位上匆匆进行了浮皮潦草的轮岗。要晋升到高层，就要做一个典型的"公司职员"：穿着得体，在会议上表现出色，住的地方要好，常去的俱乐部要合规矩，一团和气，不惹是生非。1973 年的石油危机第一次给汽车市场带来震动，而在这些极度自信的高管看来，这只是暂时的小风浪，在通用汽车总部的第 14 层，一切如常。人们完全相信，通用汽车所要做的就是继续生产传统的汽车，客户很快就会回头。

成功的公司傲慢自大，心胸狭隘，复杂且保守，时间一长，就会带来一些意料之中的结果。典型的现象是创新受阻，发展速度变慢，成本增加，客户聚焦模糊。简言之，它们造就了一个严重功能失调的组织。在相对稳定的时期，即便存在这些问题，成功的公司仍能取得一定的成功。但在剧烈变化时期，即失衡时期，这些缺点就会变得致命，其表现为业绩不佳、市场份额下降、增长停滞、收入急剧下降。此时，高管们通常会极力否认，他们把责任归咎于外部力量，如政府监管机构、不公平的竞争对手、供应商欺诈等。他们怪罪于经济、利率和贸易壁垒。当高管们指责客户时，企业病态的最终症状就出现了。在通用汽车以及其他美国汽车制造商那里，经常会听到经理们批评嬉皮士和怪人，这些人会买大众甲壳虫，后来又去买日产、丰田和本田。

可悲的是，组织功能失调的一个表现，是不会从错误中吸取教训，而是继续犯同样的错误。面对关键问题，陷入成功综合征的公司最常见的反应是：做更多同样的事情。随着时间的推移，这种否认和重复的模式形成了一个"死亡螺旋"。只有一种方法可以摆脱这种恶性循环：从根本上再设计整个组织。

6. 管理继任事宜。毫不意外，新 CEO 上任后往往会推动重大的再设计工作。一般来说，这些再设计过程至少可以分为以下几类：

- 应对前任遗留的危机。再设计的原因与我们对"成功综合征"的讨论密切相关。在 20 世纪 90 年代初期出现的董事会倒戈浪潮中，董事们抨击 CEO 未能使公司摆脱恶性循环，公司仍然傲慢、狭隘、做更多同样的事。在通用汽车、IBM、美国运通、柯达及其余十多家财富 500 强公司，董事们都在寻找能够引领彻底变革的新 CEO，他们不受前任 CEO 决策时所遵循的历史、文化、关系和忠诚的阻碍。

- 做出个人宣言。并非所有新上任的 CEO 都会因危机迫在眉睫而发起变革。在很多情况下，新老板只是自然地希望在公司留下自己的个人印记。有时，新 CEO 对改变整体架构有非常具体的想法，而有时，其仅仅是希望"改变公司的运营方式"，即变得更进取、更合作、更经济，以符合新领导人的个人愿景和风格。这种总体意图不可避免地会导致组织出现实质性的再设计。

- 推行新战略。新 CEO 上任时可能会有一个具体的战略愿景。这可能涉及投资组合的重大变动、战略联盟、分拆或发展新的竞争基础。显然，战略上发生任何重大转变，都将展开实质性的再设计。

- 重塑整个公司。有时，新 CEO 甚至在制定新的愿景或战略之前，就认为有必要采取重大行动，将公司从昏睡状态中摇醒。他们可能想带给人们一种紧迫感，也可能对未来抱有不确定性。迟缓的组织在浑浑噩噩中开展业务，使其受冲击的最快方式便是进行根本性的再设计。

7. 组织突变。在大多数组织中，总会有一些设计实验在进行中。它们可能是非正式、低层级或小规模的，公司中总会有人可能在任何层级上尝试变革。新变革可以是团队合作、将跨越传统界限的人员组织起来，或测试与供应商的新关系。

每隔一段时间，这些创新中的某一个就会流行起来，进而影响更大层面的组织设计。在这些关键时刻，突变会刺激组织架构正在进行中的渐进演变，加快变革速度或将之引向新方向。

综上所述，这七个因素说明了不断推动组织走向再设计的巨大力量。虽然一家公司不大可能会同时受这七个因素影响，但我们不难发现，在任何特定时间有些公司中会有两个、三个甚至更多因素起了作用。这表明，组织架构变化及重复变化已经成为大多数组织需要面对的现实。随着变化速度不断加快，对重复设计的需求将很快成为例外，而不是常态。

再设计的成本

董事会里流传着这样一个笑话，讲的是一位被革职的 CEO 想给继任者最后提些建议，他打开抽屉，拿出三个带着编号的信封，递给坐在对面的新 CEO。

这位 CEO 告诉继任者："存好了。只有公司到四面楚歌之时才能打开，记得要按顺序。"

大约一年后，公司陷入了严重的困境。无奈之下，新 CEO 撕开第一个信封，上面写着："减记一笔巨额开支。"

又过了大约一年，公司出现了新的危机。CEO 打开第二个信封，发现上面写着："进行重大重组。"

情况似乎有所好转，但也只维持了一阵。CEO 想起还有第三个信封没拆。他在办公室里一通疯找，最后在一堆旧文件下面发现了那个信封。撕开后发现上面写道："准备三个信封。"

这个故事是什么意思呢？再设计、调整架构和重组往往是企业处理危机的本能反应。在其他时候，它们被认为是戏法，是 CEO 从帽子里变出来的兔子，用来娱乐观众，把注意力从真正的问题上转移开。通常情况下，这就是事实。我们刚才讨论的再设计的七个因素，有助于管理者深思熟虑，完美执行，认真地重建组织。但它们也会被滥用，用来将那些反反复复、装饰门面的组织重构合理化，虽然这些重组几乎没有任何价值，同时还会产生巨额的成本。

让我们明确一点：到目前为止，我们几乎只关注了再设计的好处。但是，再设计的流程本身有着昂贵的成本。每次对主要结构进行再设计，无论再设计的结果好与不好，在某种程度上都要付出成本。若在相对较短的时间内连续进行再设计，成本则会呈几何级数上升。具体成本包括：

- 干扰。重大重组会扰乱组织正常的业务流程。由于重新安排人员、地域、业务流程和战略优先次序，组织与客户和供应商的长期关系可能遭到严重破坏。在再设计的过程中，客户经常发现很难与公司做生意。而竞争对手常常会抓住机会，利用公司在这段时期的混乱、不稳定和高度向内聚焦。自然，干扰的影响经常表现为销售人员的业绩下降，AT&T 和施乐在再设计期间便是如此。

- 压力。在很多案例中，组织混乱是个人承受压力的集中表现。人们担心会失去工作、朋友、工作关系、职业抱负、地位和正常生活。他们可能被分配去新的地方，做一份新的工作，有新老板，可能还会有新下属，要与一系列新供应商和客户打交道。规则可能已经变了，所以人们不确定预期的绩效是什么，如何衡量绩效，或如何奖励绩效。在这些情况下，不稳定感和信息不对称会引发焦虑，这种焦虑经常体现为业绩下降。人们觉得自己失去了对命运的控制，试图通过深度参与且通常是功能失调的办公室政治来重获某种权力。随着变革的不断深入，人们变得不再关心工作。

- 怀疑。在这本书中，我们将再设计描述为管理艺术的最高形式之一，但无论如何，事实就是普通员工普遍将再设计视为高管无能的标志。几乎没有人喜欢改变。现状可能不理想，但过了一段时间我们就习惯了，不会单单因为某个从未谋面的大人物向我们保证，放弃现状是正确做法，我们就愿意重新来过。

在组织内部，一般人们假设，重组表明现有的高管团队没有能力像之前的高管团队那样管理组织。对于一次性、精心设计，且迫切需要的再设计而言，这是一种典型反应。肤浅的、修饰性的、无效的重复设计，难免让人对高管及其管理组织的能力产生强烈怀疑，甚至认为他们不过是一群自私自利的人。

- 慢性不稳定。在永久性重组和"灵活组织机构"中，结构和流程永远在变，热衷这些事物的人忽视了人类的基本需求，即无论是个人还是集体都需要稳定。行业发展需要经过长时间的渐进增长，偶尔会出现不平衡时期，类似的，个体组织在每次重大变化后，都需要时间让人们休养生息，平静下来，开始工作。在这些时期组织必须保持常态，来愈合伤口，人们需要时间来重获对组织的承诺，并将注意力转向工作和客户。像在曾经的苹果公司，无休止地调整结构和重组导致人们非常焦虑，失去连续性，发生致命的背叛，对核心价值观的承诺严重受损，而正是这些价值观让苹果公司在创业早期取得成功。

- 管理团队精力分散。在之前的章节中，我们提到过，如果想要成功地开发和实施再设计，管理者必须投入大量的时间、精力和注意力。显然，如果管理者不参与复杂的再设计，他们的大部分时间、精力和注意力将会聚焦在其他方面，如运营核心业务、提高业绩和处理客户问题。因此，再设计的代价也包括一些机会成本。

我们说过，即使组织迫切地需要再设计，且再设计经过深入开发，并得到有效实施，上述成本也会对组织造成重大影响。若仅仅是为了追求短期利益而随意进行再设计，个人和组织付出的成本就会变得不合理。因此，对于管理者来说，首先，必须确保重大的再设计是经过深思熟虑的，以减少重复工作。其次，当问题出现时，管理者需要压制住再设计的冲动，避免将其视为解决问题的捷径。

随着时间的推移而管理设计

在本章中，我们已经讨论了导致再设计比以往任何时候都更加频繁的因素。有些因素必然会导致再设计，有些因素会让再设计变得容易，有些则使其变得具有吸引力。与此同时，我们已经看到了再设计给组织带来的大量成本，这一问题表明管理者需要明智地使用再设计，并有恰当的规划和良好的实施。在上述因素和成本的共同引导下，就管理者在展望未来时应如何思考和规划再设计的问题，我们提出了一系列主张。

1. 毫无疑问，每个组织架构都会随着时间的推移而改变。管理者需要理解并应对这种必然变化。在现有体系结构的框架内，渐进式变化将会一直持续下去。然而，根据行业的情况，组织应该预期在每 5 年或更短的时间内进行一次根本性的再设计。过去，CEO 会认为到自己离开时公司也不会出现大变化，或者只会有一次重大重组，但这已经成为过去。理解这一点对组织各个层级的管理者来说一样重要。

2. 因此，高效的管理者将持续地思考下一轮变革。如果你假设改变即将到来，并且理解了导致改变的力量，那么你就可以明智地规划变革。了解变化动态并为此做好准备的管理者，可以最大程度地避免在末日来临之际，在最后一刻才慌忙进行重组。最优秀的管理者总是向前看，思考下一步行动。在施乐，保罗·阿莱尔从 1990 年便开始考虑全面的架构改革，而后在 1992 年开始实施。

3. 管理者必须严苛地审视自己的设计，并从中学习经验教训。要记住，再设计是一门艺术，而不是科学。组织结构中的要素太多，当一个特定设计从理论转移到现实世界时，人们很难对这一设计产生作用的方式做出一致的、准确的预测。

考虑到这种不可预测性，管理者很难在第一次尝试时，仅用一个设计就能实现所有目标。借鉴质量管理的理论，管理者需要把设计看作一个"计划—执行—检查—行动"的循环。他们应该尝试一个设计，密切观察它在实践中如何产生作用，确定哪些设计可行、哪些设计不可行，然后做出适当的调整。这些概念适用于从公司层面到工厂层面等任何地方的再设计。在康宁的黑堡工厂，高绩效工作系统的设计多年来不断演变，并进行周期性的调整。在实施了近 8 年后，管理者仍然认为其设计可以改进。

为确保学习成为一个深思熟虑的过程，我们强烈建议组织定期评估自身体系与结构，特别是在引入新设计之后的阶段。理想情况下，在最初阶段，这些评估应该每 6 个月进行一次，然后每年进行一次。它们应该综合评估再设计达成设计意图中所设目标的程度，以及评估再设计可能以何种出人意料的方式影响组织绩效。这一流程将带来周期性的完全再设计，然后是不断进行的渐进式调整。

4. 组织应开发模块化性质的架构，以便在不发生颠覆的情况下进行重大变革。在第 7 章对公司层面设计的讨论中，我们讨论了日益流行的"组织乐高"概念，即设计的组件可以在不影响底层架构的情况下，添加到组织中或从组织中剔除。当竞争、市场和技术几乎在一夜之间发生巨大变化时，快速重新部署资源，同时避免大规模冲击组织其他组件，便成为主要的竞争武器。太阳微系统公司、施乐、ABB 和 SMH 已经开发了这种以"模块化性质"为特征的架构。

成功维持这种灵活架构的关键是要有明确的设计意图。如果管理者最初设计的目的明确，如提高速度、增强问责、以客户为中心、技术创新、实行扁平化的层级结构等，那么添加、删除或重新安排设计要素就会有明显的界限。如果你的组织已经拥有九个面向市场的独立业务单元，那么再添加三个新单元以适应新产品和细分市场，或者随着产业的变化将九个单元减少到三个，并不会破坏体系结构的基础。

5. 直接采取理想设计，并不一定是最快的方法，这一点会变得越发明显。 若管理者有意从当前的设计转移到特定的架构，会发现有时不可能直接从现状直达目标状态。此外，管理者所采取的路线会对其实现目标时的感觉产生重大影响，这就是所谓的"路径依赖"。换句话说，有时有必要矫枉过正，从激进的再设计开始，彻底打破现有架构，只有这样，之后管理者才能对组织进行更温和的设计，这是管理层最初设定的目标。

举一个典型的例子。如果施乐在 1992 年直接从传统的职能型组织架构转向 1996 年三大业务群的设计，那只是把原来组织存在的所有问题在一个较小的规模上复制三次。这正是通用汽车公司在 1984 年所采取的行动，它将北美业务部分成两个更小的部门，复制了之前在结构和文化上的所有缺点。施乐在很大程度上避免了通用汽车的一些问题。施乐首先根除了现有架构的特征，即结构、官僚主义的复杂性和文化思维方式。在四年之后，公司再开始重组设计中的一些要素，但此时，公司有了新人员、新流程、对客户和市场的不同关注，以及新的人力资源系统来强化新行为。于是，在外观和感觉上，最终形成的组织便与直截了当的转型——即 1990 年的施乐直接变成 1996 年的施乐——截然不同。

6. 由于设计会持续发生且非常重要，设计将变为成功组织的基本能力。 我们并不是说大规模的、根本性的重构不应向外部顾问寻求帮助，他们会给流程带来有价值的专业知识和外部视角。（事实上，我们可能是最后一批建议这么做的人。）但我们已经看到，这样做难免会带来某种程度上的重复设计。因此，不断展望未来的组织将意识到，组织内部人员对设计有足够把握，不断评估当前设计的充分性，并开始计划下一步要做什么，这很重要。考虑到之前所说的实施的重要性，组织能力应该包括开发并落实新设计的能力。

7. 随着设计变得越发重要，成为设计创新者的组织将具备显著的竞争优势。 成功的组织将设计活动视为必要的管理流程和竞争实力的重要来源。设计创新将被视为一项必不可少的竞争活动。为了取得成功，组织必须不断进行实验，广泛引入试点项目，并进行持续性的对标研究，特别是与行业外公司进行比较。创新需要学习，而学习又需要特定流程去研究成功和失败的设计，然后将从中学到的教训应用到新一轮的实验中，并将结果整合到现有的设计中。

总结：领导者的作用

这些主张对以 CEO 为代表的组织领导者具有特殊的意义，高管要做的不只是在拿薪水的同时提升业绩。其实，真正的领导者应能管理、开发和增强组织能力。因此，便需要个人随着时间的推移，考虑组织架构的发展。

高管们理应也经常会将计划和执行渐进式变革的大部分责任委托给他人。但是，当涉及根本性变革和描绘组织整体架构的指导性愿景时，高管团队责无旁贷，CEO 和最高层人员必须参与其中。

在越来越多的情况下，对杰出领导能力的真正考验，是在短期内没有威胁的情况下，高管能否构想、清晰表达和发动根本性变革。事实上，很少有高管在预料到变革之时，具备勇气、承诺和远见，让自己的组织承担重大再设计所固有的高昂成本。

在本章中，我们关注的是架构与变革之间的关系，以及作为一个动态的、永无止境的流程，战略性组织设计的本质。未来最成功的领导者将是有意将创新设计作为一种独特组织能力进行发展的人。这种能力将依赖于学习设计的技能、概念和工具。我们在本书中说过，设计的实践建立在一些非常基础的原则之上，我们将在第 12 章中阐释这些原则，并进行最后的讨论。

第12章
组织设计的经验与教训

如果说谈到现在还有什么主题未涉及的话,那就是组织架构和设计并不简单,无法自动化或公式化。每种情况都很独特。让我们最后一次用物理建筑做下类比。每当建筑师接受一项新任务,地理位置、地形、建筑大小、功能、结构性材料、外部设计、预算限制、建筑规划限制等变量不胜枚举,这些变量都会影响并限制建筑师的创造力。

若对组织的长期增长和成功进行真正全面深入的思考,从这一视角来看,组织架构同样复杂,在某些方面甚至比物理建筑更加复杂。建筑的架构要遵循某些亘古不变的物理、工程和数学定律,而组织架构的基本构建模块要考虑群体动力学和人类行为学等学科的无形概念。

你可以按比例为房子、工厂、摩天大楼打造模型,明确而具体地展示其建成之后的样子,以及基本组件如何组合在一起。但是,组织模型是一个概念性的框架,只能设想和预测个体、群体、工作和组织总体目标间的相互关系。在特定的文化和竞争环境中,在人们为完成满足组织战略目标所要求的工作时,一个特定的组织设计按既定方式实施后,将会如何影响人们的执行能力,组织模型只能给出有可能发生的情况。没有人能保证人们会按照计划行事,也没有人能保证不可预见的外部事件不会导致战略转型,实际上,战略很可能会发生变化。

尽管如此，在这个永恒变化的新时代，对于希望引领组织发展的管理者来说，我们所提出的将架构的理念作为组织设计的框架，以及有关组织设计的功能、开发和实施的基本概念，都是他们手头必不可少的工具。如果没有这些基本的理念和指导性的愿景，管理者就只能晕头转向地穿行于一个又一个危机之中。

在本书中，我们试图通过融合当代理论和当前实践来支持这一观点。实践案例既有正面榜样，也有反面教材。有些信息可能对某些类型的组织或者对组织中特定级别的管理者特别重要。但是通过整本书，我们已经尝试开发了一些关于架构和设计的主张，这些主张适用于每一层级的管理者，且实际上适用于每一类型的组织。接下来，我们将总结 10 个基本主题，囊括本书的精华。

1. 组织能力是竞争优势最后一个真正可持续的来源。 就在不久前，商业环境还维持着由来已久的稳定，企业有各种各样的方式来开发和保持竞争优势的来源。可能包括获得客户或资本的独家渠道、优秀的产品线、独特的技术、无与伦比的生产流程或无可匹敌的分销渠道。但这样的日子已然一去不复返。信息技术、全球市场和不断变化的客户需求改变了这一切。最近，一家大型跨国公司的 CEO 告诉我们，他现在认为员工是竞争优势的最后来源，但我们不得不说，这一点几乎也靠不住了。如今，员工和雇主之间的忠诚度下降，最有才华的人可能会瞬间离职。

其实，我们坚信，竞争优势的最后一个来源，是企业以独特方式组织和激励员工实现战略目标的能力，任何企业都能够长期维持这种竞争优势。例如，在 20 世纪 90 年代，克莱斯勒所发展出的组织能力，能在更短的时间内以更低的成本开发出更具创新性的产品，并将其推向市场，打败了底特律所有竞争对手。这并不意味着克莱斯勒的特殊优势在于技术创新、专业工程或低成本生产。实际上，公司新发掘的竞争优势在于能够通过内部新的工作关系和流程，以及通过与主要供应商的独特联盟，快速、高效地满足不断变化的战略目标。

2. 组织架构为采用战略设计来开发组织能力提供了一个概念性框架。在卓有成效的组织中，组织设计不仅仅是企图进行一系列毫不相关的部门重组和修正汇报关系。像施乐、AT&T 和 ABB 这样的公司，他们认为其整体组织架构是正式结构和非正式关系的集合体，这个集合赋予了公司特殊的气质和功能。对他们来说，组织设计是一个对组织的社会组件和技术组件进行配置的过程，以适应组织结构框架并聚焦于组织能力。

这一概念的核心是组织既是社会系统又是技术系统。战略设计的流程很大程度上依赖于"硬件"，即组织的技术方面，本书也着重强调了这一点。但我们也试图澄清，有效的战略设计承认并设法处理正式结构与价值观、信念和行为规范等非正式结构之间的关系，这些非正式结构形成了一个组织的文化。战略、结构、工作、人员和文化共同形成每个组织的独一无二的体系。

3. 在组织的每一个层级上，设计都是塑造绩效的最有力工具之一。在管理者可以使用的所有技术中，组织设计是最有效和最吸引人的技术之一。战略、人员配置和文化方面的重大转变困难重重、不稳定且耗时，在某些情况下，仅仅由少数高管负责。但设计是组织中每个层级的管理者都可以使用的流程。设计既可以在公司层面全面展开，引发根本性变化，也可以经常在组织的较低层级上进行持续、渐进地改善。

由于设计有着巨大的吸引力，所以导致设计的风险极高。乍一看，人们会误以为设计很简单。但构思拙劣的设计最好的结果是毫无成效，在最坏的情形下则贻害无穷。将组织设计视为一个速效的解决方案，可以快速、轻易地解决每个组织问题，这样的做法会损害管理者的信誉，组织对变革做出的承诺也会遭到众人的冷嘲热讽。若仅仅是重新安排框架和线条，而对公司的治理没有产生根本改变，这样的再设计会引发动荡，转移人们对重要工作的注意力，不会带来好的效果。管理者为了实现短期目标而随意设计，有可能对组织造成严重破坏。每一层级上的设计，必须首先考虑组织或单元的战略目标，而不是某人简单地想"改变现状"。

4. 无论范围或规模大小，都有一些基本概念适用于每个层级的组织设计。无论你是要再设计一个 50 人的部门，一家 500 人的工厂，还是一个 15 万人的跨国公司，设计的基本原则都一样。任何层级的设计都涉及一系列关于分组和连接的决策，这些决策旨在增强组织处理信息的能力，并协调跨越正式分组边界的、相互依存的工作。

这些概念都暗示，现代组织的首要工作是收集、传递和处理适当的信息。随着竞争需求和战略日益复杂，组织内部的相互依存程度与日俱增。沿着价值链，每一组人都越来越依赖于他人获取有关技术、供应商、客户和竞争对手的信息。与此同时，随着更复杂的、需要个人判断的工作取代装配线上狭隘、机械式的工作，信息直接流向一线工作人员的需求越来越大。在每一种情况下，结果都一样：组织迫切需要快速、集中和高效的信息流动。

分组和连接的配置，以增强信息处理和相互依存的关系——设计者可以采用这些基本概念，应用于任何战略、组织或工作场所。无论是设计康宁工厂的工作团队，还是施乐的独立业务单元，还是凯泽永久医疗体系的客户服务，基本概念都相同。

5. 在组织的任何层级上，都有用于设计流程的行动和决策逻辑序列。我们已经指出，组织设计往往表现糟糕，这是因为乍一看，组织设计似乎非常简单和直观。这是绝对错误的认知。即使在最低的层级上，有效的设计也不仅仅是画框框和箭头，它源于彻底理解组织的战略目标，有效的设计既要考虑组织单元中的正式要素，也要考虑非正式要素，同时要权衡它对组织其他部分和实现战略目标能力的潜在影响，不仅仅是权衡其直接影响，也要考虑间接影响。

我们已经讨论过一些组织，例如施乐、康宁和凯泽永久医疗，它们都进行了全面、循序渐进的再设计项目，涉及数十人甚至数百人。我们也看到一些小公司，其再设计只由少数人进行高效管理。这些工作的共同点是经过一个有序的思考流程，形成最终的设计。一般来说，这一流程首先要对阻碍组织实现其战略目标的障碍进行初步诊断。然后通过设计标准产生出设计意图，即再设计的目的陈述，和再设计应满足的特定要求。接着，进入有条不紊地开发和评估各种分组方案的流程，将最有潜力的方案匹配适当的连接机制，对剩下的"可行"方案进行影响分析，评估其对组织其他部分的潜在影响，提出在实施期间必须解决的问题。

虽然这一流程的细节和形式各不相同，但真正重要的、基本的决策顺序大致相同，包括明确具体目标、拟订尽可能多的备选方案、建立和评估可行的分组和连接模式。

6. 不存在完美的设计，设计流程需要权衡选择和平衡取舍。 分组模式的选择是设计中的基本选择，涉及权衡取舍。一旦对人员和活动进行分组以加强沟通、确立目标导向和信息流动，那么根据定义，这一分组便同样远离了其组织结构边界之外的其他分组、活动和信息源。此外，组织的每一层级都在进行分组决策。在大公司中，可行的分组组合数量巨大。每一选择都各有优势、劣势、重点及优先事项，对战略目标和核心能力的重要性程度也不同。一旦业务环境变得越发复杂，组织就会发现有必要同时关注几个战略目标，于是，矩阵设计变得越来越流行。但它们也涉及权衡取舍。尽管理论上这很有吸引力，但与更简单、更传统的分组安排相比，矩阵设计更难管理。

所有设计都涉及权衡，这里仅仅强调了设计流程的重要性，这一流程注重对广泛可行的备选方案的开发和仔细考量。一些最有效的流程首先提出的问题是:"如果你今天要从零开始创建这家公司,它会是什么样?"然后继续挑战现状的各个方面。管理者若只是草率地考虑一个备选方案,就无法激发这种创造性流程。

7. 最好的设计是利用组织中现有人员的知识、经验和专业知识。 拥有设计专长的人很少存在于行政部门。事实上,我们的经验清楚地表明,设计工作不仅受益于人员能够广泛参与其中,而且,既了解组织的日常工作,又了解非正式组织中关系网络的人所分享的见解,也能促进设计。我们在前文中提到,1984年通用汽车重组的一个致命缺陷是重组由通用汽车的高管团队主导,而这些高管早已不接触组织的实际工作。许多人在每一项管理工作上花的时间都太少,所以无法把握非正式组织的细微差异。公司里有数千名比他们职位更低的人,本可以向高管团队解释公司实际的运作情况,无疑也能提出改进工作的方法,但从来没有人问过这些低层员工的看法。

而凯泽永久医疗对北加州区的再设计流程正是教科书般的案例,其核心是让正确的人参与进来。最初凯泽的设计团队包括第三级和第四级的管理者,这些人有着相当广泛的视角,且非常靠近一线工作。他们代表着不同地域和专业学科,对组织高度忠诚,同时也意识到组织并没有发挥出应有的作用。随着流程进入运营设计阶段,参与人员的范围越来越广,程度越来越深,团队中引入越来越多知识渊博的人,帮助重塑分组结构和业务流程。

8. 即使是最好的设计,也可能因计划不周、糟糕的执行而脱离正轨。 完全合理的再设计一次又一次在项目伊始就遭受挫折,是因为管理者们莫名相信,只要宣布一个设计方案,它就会自动实现。实施是一个复杂的流程,需要仔细规划和深度管理。成功的管理者通常会考虑组织从当前状态到未来状态的转变,这种转变本质上是不稳定的,称为转型状态。我们看到,转型状态带来了各种隐患。包括正常的管理流程中断；反馈比以往任何时候都重要，却很难获取；过时的奖励系统会惩罚采取新行为模式的员工；面对不确定性，员工的焦虑情绪蔓延，政治活动横行，业绩受损。

高效变革的管理者会为员工提供尽可能多的信息，说明变革的必要性、形式以及益处。管理者会尽一切可能，鼓励员工参与变革的规划和实施，从而建立个人承诺和政治支持的核心。必要时，还会采用专门设计的特定结构和机制，来管理困难但关键的转型时期。

9. 随着组织需要不断地再设计成为常态，成功的组织将学会创建灵活的架构，以适应持续变化。 近年来，我们看到，一些公司在 10 年内经历了多达 6 次的重组。我们马上会假设这些公司的出错点，要么是在基本策略，要么是有关再设计的细节，要么是实施不知何故搞砸了。这完全有可能，但不一定是事实。

如果我们都同意，在进入下个世纪之时，持续变化是竞争环境的标志，那么，如果组织要跟上时代的步伐，就需要改变战略。战略变化必然会导致组织设计的变化，包括实现战略所必需的结构、流程、技能和工作关系。若是如此，那么不断进行再设计将成为工作场所的一个固定要素。

到那时（其实当下已经如此），组织的真正挑战将是开发灵活的架构，可以在不造成巨大伤害的情况下持续开展再设计。以物理建筑为例，可以在不拆除建筑其他部分的情况下改造三楼。一些管理者已经在考虑"组织乐高"式的模块化组件，在不影响组织设计其他部分的情况下，可以移除或添加某些组件。一个明显的例子便是我们之前详细讨论过的施乐公司的架构，根据战略和竞争重心的转变，它的独立业务单元由战略、技术和以客户为中心的流程连接起来。施乐可以轻松添加或删除单个业务单元，且不会影响其他业务单元。需要注意的是，灵活架构的概念不仅涉及巧妙的设计，它代表了对本世纪大部分时间里主导组织管理的经典设计方法的重新思考，经典设计方法依赖机械式官僚管理来维持稳定环境中的控制。今天，为了稳定而设计会导致灾难。允许人员、流程和结构快速、轻松地合并更改的架构将变得不可或缺。

10. 撬动竞争优势的灵活架构和设计本身将成为终极竞争武器。我们坚信，在全球市场上对有竞争力的价值和新客户的渴求，将会引导组织重新思考其基本架构。成功的竞争架构将不仅具有灵活的内部设计，而且具有渗透性的外部边界。这些架构将包容广泛的组织安排，能够撬动公司的核心竞争力，同时能为触达更多新技术和新市场扩展自身的能力。

包括太阳微系统公司在内的一些组织已经重新设计了自身架构，价值链的每个组件成为半自治业务单元。每个子单元都利用母公司的集中资源，但都足够自主独立，拥有创业家精神，可以为曾经只提供给自己公司的商品、服务和业务流程寻找新的市场。如克莱斯勒等其他公司为了与供应商建立独特的关系，正在模糊其外部界限。在克莱斯勒的例子中，选定的供应商现在成为设计和工程早期阶段的关键参与者，极大地减少了产品开发的时间和成本。而其他一些公司，尤其是康宁，已经变得特别擅长扩展自己的边界，建立数十个战略联盟和合资企业，利用其核心技术开发新产品和新市场。

这些组织以及其他类似的组织，都专注于架构的独特重要性——包括分组边界和连接流程，以特定方式完成工作的个人及文化关系模式，组织中社会和技术方面的交互。他们抓住了摆在组织面前的巨大可能性，将组织架构的潜力视为其长期竞争优势的最重要来源。在一个非常现实的意义上，他们真正接纳了竞争性组织设计的强大概念。

参考文献

第1章

Bartlett, C., and S. Ghoshal. "Matrix Management: Not a Structure, a Frame of Mind." *Harvard Business Review* (July 1990): 139-145.

Burns, T., and G. Stalker. *Management of Innovation.* London: Tavistock, 1961.

Chandler, A. *Strategy and Structure.* Cambridge, Mass.: Harvard University Press, 1990.

Chandler, A. *Scale and Scope.* Cambridge, Mass.: Harvard University Press, 1990.

Daft, R. *Organization Theory and Design*, 2d ed. St. Paul, Minn.: West, 1986.

Daft, R., and R. Lengel. "Organization Information Requirements, Media Richness and Structural Design." *Management Science* 32, no.5 (1986): 554-576.

D'Aveni, R. *Hypercompetition: Managing the Dynamics of Strategic Maneuvering.* New York: Free Press, 1994.

Donaldson, L. *American Anti-Management Theories of Organization: A Critique of Paradigm Proliferation.* Cambridge: Cambridge University Press, 1995.

Galbraith, J. *Organization Design.* Reading, Mass: Addison-Wesley, 1977.

Hedberg, A., P. Nystrom, and W. Starbuck. "Camping on Seesaws:

Prescription for Self-Designing Organization." *Administrative Science Quarterly* 21 (1976):41-65.

Howard, R. "The CEO as Organizational Architect: An Interview with Xerox's Paul Allaire." *Harvard Business Review* (September-October 1992): 106-121.

Hurst, D. *Crisis and Renewal: Meeting the Challenge of Organization Change*. Cambridge, Mass.: Harvard Business School Press, 1995.

Lawrence, P., and D. Dyer. *Renewing American Industy*. New York: Free Press, 1983.

Lawrence, P., and J. Lorsch. *Organization and Environment*. Cambridge, Mass.: Harvard University Press, 1967.

MacKenzie, K. "The Process Approach to Organization Design." *Human System Management* 8 (1989): 31-43.

Miller, D. "The Architecture of Simplicity." *Academy of Management Review* 18 (1993): 116-138.

Mintzberg, H. "The Design School: Reconsidering the Basic Premises of Strategic Management." *Strategic Management Journal* 11 (1990): 171-195.

Nadler, D., Gerstein, M., and R. Shaw. *Organizational Architecture*. San Francisco: Jossey-Bass, 1992.

Nohria, N., and R. Eccles, eds, *Networks and Organizations*. Boston: Harvard Business School Press, 1992.

Perrow, L. *Complex Organizations*, 3d ed. New York: Random House, 1986.

Pfeffer, J. *Organization Design*. Arlington, Ill: AHM Publications, 1978.

Scott, W. *Organizations: Rational, Natural and Open Systems*, 3d ed. Englewood Cliffs,N,J.: Prentice-Hall, 1992.

Thompson, J. *Organizations in Action*. New York: McGraw-Hill, 1967.

Weick, K. *The Social Psychology of Organizing*, 2d ed. Reading, Mass.: Addison-Wesley, 1979.

Woodward, J. *Industrial Organization*. New York: Oxford University Press, 1962.

Yates, J. *Control through Corrmmunication: The Rise of System in American Management*. Baltimore: Johns Hopkins University Press, 1989.

第2章

Brown, S., and K. Eisenhardt. "Product Development: Past Research, Present Findings and Future Directions." *Academy of Management Journal* 20 (1995): 343-378.

Collins, J., and J. Porras. *Built to Last*. New York: Harper Business, 1995.

Davis, S., and P. Lawrence. *Matrix*. Reading, Mass.: Addison-Wesley, 1977.

Galbraith, J. *Organization Design*. Reading, Mass.: Addison-Wesley, 1977.

Gresov, C. "Exploring Fit and Misfit with Multiple Contingencies." *Administrative Science Quarterly* 343 (1989): 431-453.

Hanna, D. *Designing Organizations for High Performance*. Reading, Mass: Addison-Wesley, 1988.

Homans, G. *The Human Group*. New York: Harcourt, 1950.

Katz, D., and R. Kahn. *Social Psychology of Organizations*. New York: Wiley, 1966.

Leavitt, H. "Applied Organization Change in Industry." In J. March, *Handbook of Organizations*. Chicago: Rand McNally, 1965.

Lorsch, J., and A. Sheldon. "The Individual in the Organization: A Systems View." In J. Lorsch and P. Lawrence, *Managing Group and Intergroup Relations. Homewood*, Ill.: Irwin, 1972.

March, J., and H. Simon. *Organizations*. New York: Wiley, 1959.

Miles, R., and C. Snow. *Fit, Failure and the Hall of Fame*. New York: Free Press, 1994.

Miller, D. "Configurations of Strategy and Structure." *Strategic Management Journal* 7 (1986): 233-249.

Nadler, D., Gerstein, M., and R. Shaw. *Organization Architecture*. San Francisco: Jossey-Bass, 1992.

Peter, T., and R. Waterman. *In Search of Excellence*. New York: Harper, 1982.

Pfeffer, J. *Competitive Advantage Through People*. Boston, Mass.. Harvard Business School Press, 1994.

Tichy, N. *Managing Strategic Change*. New York: Wiley, 1983.

Van de Ven, A., and R. Drazin. "The Concept of Fit in Contingency Theory." In B. Staw and L. Cummings, eds., *Research in Organization Behavior*, vol. 4. Greenwich, Conn.: JAI Press, 1985.

Weick, K. *Social Psychology of Organizing*. Reading, Mass. Addison. Wesley, 1969.

第3章

Bartlett, C., and S. Ghoshal. *Managing Across Borders*. Boston, Mass.: Harvard Business School Press, 1991.

Beer, M., R. Eisenhardt, and B. Spector. *The Critical Path to Corporate*

Renewal. Boston, Mass.: Harvard Business School Press, 1980.

Gyllenhammer, P. *Dignity at Work*. Stockholm: Streiffert, 1985.

Hanlon, M., D. Nadler, and D. Gladstein. *Attempting Work Reform*. New York: Wiley, 1985.

Lawler, E. *Pay and Organization Development*. Reading, Mass: Addison-Wesley, 1981.

Lucas, H. The *T-Form Organization*. San Francisco: Josseye-Bass, 1996.

O'Toole, J. *Work in America*. Cambridge, Mass.: MIT Press, 1973.

Quinn, J. B. *Intelligent Enterprise*. New York: Free Press, 1992.

第4章

Donaldson, L. "Strategy and Structural Adjustment to Regain Fit and Performance." *Journal of Management Studies* 24 (1987): 1-24.

Galbraith, J. *Designing Complex Organizations*. Reading, Mass.: Addison-Wesley, 1973.

Gresov, C. "Exploring Fit and Misfit with Multiple Contingencies." *Administrative Science Quarterly* 34 (1989): 431-453.

Hanna, D. *Designing Organizations for High Performance*. Reading, Mass: Addison-Wesley, 1988.

Lawrence, P., and I, Lorsch. *Organization and Environment*. Cambridge, Mass.: Harvard University Press, 1967.

Lucas, H. *The T-Form Organization*. San Francisco: Jossey-Bass, 1996.

Miles, R., and C. Snow. *Fit, Failure and the Hall of Fame*. New York: Free Press, 1994.

Miller, D. "The Architecture of Simplicity." *Academy of Management*

Review 18 (1993): 116-138.

Pennings, H. "Structural Contingency Theory." *Organization Studies* 8 (1987): 223-240.

Thompson, J. *Organizations in Action*. New York: McGraw-Hill, 1967.

Tushman, M., and D. Nadler. "Information Processing as an Integrating Concept in Organization Design." *Academy of Management Review* 3 (1978): 613-624.

第 5 章

Bartlett, C., and S. Ghoshal. Managing Across Borders. Boston, Mass.: Harvard Business School Press, 1991.

Chandler, A. *Scale and Scope*. Cambridge, Mass.: Harvard University Press, 1980.

Duncan, R. "What Is the Right Organization Structure?" *Organization Dynamics* (Winter, 1979).

Hamel, G., and C. K. Prahalad. *Competing for the Future*. Boston, Mass.: Harvard Business School Press, 1994.

Lawrence, P, and D. Dyer. *Renewing American Industry*. New York: Free Press, 1983.

Lawrence, P, and J. Lorsch. *Organization and Environment: Managing Differentiation and Integration*. Boston: Graduate School of Business, Harvard University, 1967.

Pettigrew, A. *Continuity and Change at ICI*. London: Blackwell, 1986.

Quinn, J. B. *Intelligent Enterprise*. New York: Free Press, 1992.

Rumelt, R. *Strategy, Structure and Economic Performance*. Boston,

Mass.: Graduate School of Business, Harvard University, 1974.

Taylor, W. "Message and Muscle: An Intervicw with Nicolas Hayek." *Harvard Business Review* (March 1993) 99-110.

Thompson, J. Organizations in Action, New York: McGraw-Hill, 1967.

第 6 章

Brown, S., and K. Eisenhardt. "Product Development: Past Research and Present Findings." *Academy of Management Review* 20 (1995): 343-378.

Clark, K., and S. Wheelwright. "Organizing and Leading Heavyweight Development Teams." *California Management Review* (Spring 1992): 9 -26.

Davis, S, and P. Lawrence. *Matrix*. Reading, Mass.: Addison-Wesley, 1977.

Eccles, R., and D. Crane. *Doing Deals: Investment Banks at Work*. Boston: Harvard Busincss School Press, 1988.

Galbraith, J. *Designing Complex Organizations*. Reading, Mass.: Addison-Wesley, 1973.

Hammer, M., and J. Champy. *Reengineering the Corporation*. New York: Harper, 1993.

Iansiti, M., and K. Clark. "Integration and Dynamic Capability." *Industry and Corporate Change* 5 (1994): 24-36.

Ingrassia, P., and White, J. B. *Comeback: The Fall and Rise of the American Automobile Industry*. New York: Simon & Schuster, 1994.

Katz, R. "Organizational Socialization." In R. Katz, ed., *Managing Professionals in Innovative Organizations*. New York: Harper, 1988.

Katz, R., M. Tushman, and T. Allen. "Dual Ladder Promotion in R&D."

Management Science 41 (1995): 848-862.

Keller, M. *Rude Awakening: The Rise, Fall and Struggle for Recovery of General Motors*. New York: Harper/Collins, 1989.

Kerr, s. "On the Folly of Rewarding A, While Hoping for B." *Academy of Managemnent Executive* 9 (1995): 7-14.

Lawler, E. *Pay and Organization Developrment*. Reading, Mass.: Addison-Wesley, 1981.

Lucas, H. The *T-Form Organization*. San Franeisco: Jossey-Bass, 1996.

Nohria, N, and R. Eccles. *Networks and Organizations: Structure, Form and Action*. Boston, Mass. Harvard Business School Press, 1992.

Roberts, E., and A. Fusfeld. "Staffng the Innovative Technology-Based Organization." *Sloan Management Review* (1981): 19-34.

Sayles, L., and M. Chandler, *Managing Large Systems*. New York: Harper, 1971.

Taylor, W. "The Logic of Global Business: An Interview with ABB's Percy Barnevik." *Harvard Business Review* (March 1991): 91-104.

Van de Ven, A., A. Delbecq, and R. Koenig. "Determinants of Coordination Modes within Organizations." *American Sociological Review* 41 (1976): 322- 337.

Wageman, R. "Interdependence and Group Effectiveness." *Administrative Science Quarterly* 40 (1995): 145-180.

第7章

Bartlett,C., and S. Ghoshal. *Managing Across Borders*. Boston, Mass: Harvard Business School Press, 1991.

Doz, Y., and G. Hamel. "Use of Alliances in Implementing Technology Strategies." In Y. Doz, ed, *Managing Technology for Corporate Renewal*. New York: Oxford University Press, 1997.

Hamel, G., and C. K. Prahalad. *Competing for the Future*. Boston, Mass.: Harvard Business School Press, 1994.

Harrigan, K. *Strategies for Joint Ventures*. Lexington, Mass.: Lexington Books, 1985.

Houghton, Jamie. Speech to Jonathan Club, Los Angeles, Calif., January 23, 1990.

Nohria, N., and R. Eccles. *Networks and Organizations*. Boston, Mass: Harvard Business School Press, 1992.

Porter, M. E. *Competitive Advantage*. New York: Free Press, 1985.

Quin, J. *The Intelligent Enterprise*. New York: Free Press, 1992.

Quinn, J., P. Anderson, and S. Finkelstein. "Forms of Organizing for Hypercompetition." In M. Tushman and P. Anderson, eds, *Readings in the Management of Innovation*. New York: Oxford University Press, 1997.

Raben, C. S. "Building Strategic Partnerships: Creating and Managing Effective Joint Ventures." In D. A. Nadler, M. S. Gerstein, and R B. Shaw, *Organizational Architecture: Designs for Changing Organizations*. San Francisco: Jossey-Bass, 1992.

Roberts, E., and C. Berry. "Entering New Business: Seleeting Strategies for Success." *Sloan Management Review* (Spring1985): 2-17.

Teece, D. "Profiting from Technological Innovation" In D, Teece, ed, *The Competitive Challenge: Strategies for Renewal*. Cambridge, Mass.: Ballinger, 1987.

"3M Fights Back." *Fortune*, February 5, 1996.

第8章

Abrahamson, E. "Managerial Fads and Fashions: The Disfusion and Rejection of Innovation." *Academy of Management Review* 16, no. 3(1991): 586-612.

Argyris, C. *Personality and Organization*. New York: Harper, 1957.

Cherns, A. "The Principles of Socio-Technical Design." *Humnan Relations* 29 (1976): 783-792.

Davenport, T. "The Fad that Forgot People." *Fast Company*, November 1995, 70-74.

——. *Process Innovation: Reengineering Work Through Information Technology*. Boston, Mass.: Harvard Business School Press, 1993.

Hackman, R, and G. Oldham. Work Redesign. Reading Mass.: Addison-Wesley, 1980.

Hammer, M., and J. Champy. *Reengineering the Corporation*. New York: Harper, 1993.

Hammer, M., and I. Champy. "Reengineerng Work: Don't Automate, Obliterate." *Harvard Business Review* (1990): 104-112.

Hanna, D. *Designing Organizations for High Performance*. Reading, Mass.: Addison-Wesley, 1988.

Lawler, E. *High-Involvement Management Participative Strategies for Improving Organization Performance*. San Francisco: Jossey-Bass, 1986.

Lawrence, P., and J. Lorsch. *Organization and Environment*. Cambridge, Mass.: Harvard University Press, 1967.

Lucas, H. *The T-Form Organization*. San Francisco: Jossey-Bass, 1996.

Nonaka, I. "Redundant, Overlapping Organizations: A Japanese Approach to Managing the Innovation Process." *California Management Review* (Spring 1990): 27-38.

Trist, E., and R. Bamforth. "Some Social and Psychological Consequences of Long Wall Goal-Getting," *Human Relations* 4 (1951): 3-38.

Tyre, M., and W. Orlikowski. "Exploiting Opportunities for Technological Improvement in Organizations." *Sloan Management Review* 35, no.1 (1993): 13-26.

Walton, R. "The Diffusion of New Work Structures: Explaining Why Success Didn't Take." In P. Mirvis and D. Berg, eds., *Failures in Organization Development and Change*. New York: Wiley, 1977.

第9章

Bliss, David R. "Strategic Choice: Engaging the Senior Team in Collaborative Strategy Planning." In D. A. Nadler, M. S. Gerstein, and R. B. Shaw, *Organization Architecture: Designs for Changing Organizations*. San Francisco: Jossey-Bass, 1992.

第10章

Beckhard, R., and R. Harris. *Organization Transitions*. Reading, Mass: Addison-Wesley, 1977.

Beer, M., R. Eisenhardt, and B. Spector. *The Critical Path to Corporate Renewal*. Boston, Mass.: Harvard Business School Press, 1990.

Collins, J.,. and J. Porras. *Built to Last*. New York: Harper, 1995.

Finkelstein, S., and D. Hambrick. *Strategic Leadership: Top Executives and Their Effects on Organizations*. Minneapolis, Minn.: West, 1996.

Gabbaro, J. *The Dynamics of Taking Charge*. Boston: Harvard Business School Press, 1987.

Hurst, D. *Crisis and Renewal: Meeting the Challenge of Organization Renewal*. Boston, Mass.Harvard Business School Press, 1995.

Ingrassia, P, and White, I B. *Comeback: The Fall and Rise of the American Automobile Industry*. New York: Simon R. Schuster, 1994.

Kanter, R., B. Stein, and T. Jick. *The Challenge of Organization Changes*. New Yorks. Free Press, 1992.

Keller, M. *Rude Awakening: The Rise, Fall and Struggle for Recovery of General Motors*. New York: Harper Collins, 1989.

Kotter, J., and J Heskett. *Corporate Culture and Performance*. New Yorks Free Press, 1992.

Miller, D. "Stale in the Saddle: CEO Tenure and the Match between Organization and Environment." *Management Science* 37 (1991): 34-52.

Nadler, D., and M. Gerstcin. "Strategic Selection." In D. Nadler, M. Gerstein, and R. Shaw, eds., *Organizational Architecture: Designs for Changing Organizations*. San Francisco: Jossey-Bass, 1992.

Nadler, D., R. Shaw, and E. Walton. *Discontinuous Change: Leading Organization Transformation*. San Francisco: Jossey-Bass, 1995.

O'Reilly, C., and I. Chatman. "Culture as Social Control." In B. Staw and L. Cummings, eds., *Research in Organization Behavior*, vol. 18. Greenwich, Conn.: JAI Press, 1997.

Pfeffer, J. *Managing with Power*. Boston, Mass.: Harvard Business School Press, 1992.

Schein, E. *Organization Cultures and Leadership*. San Francisco: Jossey-Bass, 1985.

Tichy, N, and S. Sherman. *Control Your Destiny or Someone Else Will*. New York: Currency, 1995.

Tushman, M., and C. O'Reilly. *Winning Through Innovation: A Practical Guide to Leading Organization Change and Renewal*. Boston, Mass.: Harvard Business School Press, 1997.

第11章

Barnett, W., and G. Carroll. "Modeling Internal Organizational Change." *Annual Review of Sociology* 21 (1995): 217-236.

Barton, D. L. *Wellsprings of Knowledge*. Boston, Mass. Harvard Business School Press, 1995.

Eisenhardt, K., and B. Tabrizi. "Accelerating Adaptive Processes." *Administrative Science Quarterly* (1995): 84-110.

Foster, R. *Innovation: The Attacker's Advantage*. New York: Summit, 1987.

Huber, G, and W. Glick, eds., *Organization Change and Redesign*. New York: Oxford, 1993.

Hurst, D. *Crisis and Renewal: Meeting the Challenge of Organization Renewal*. Boston, Mass: Harvard Business School Press, 1995.

Kanter, R. *The Change Masters: Innovation and Entrepreneurship in the Corporation*. New York: Simon & Schuster, 1984.

Morone, J. *Winning in High-Tech Markets*. Boston, Mass.: Harvard Business School Press, 1993.

Nadler, D., R. Shaw, and E. Walton. *Discontinuous Change*. San Francisco: Jossey-Bass, 1995.

Tushman, M., and P. Anderson. "Technological Disconhtinuities and Organization Environments." *Administrative Science Quarterly* 31 (1983): 439-465.

Tushman, M., W. Newman, and E. Romanelli. "Convergence and Upheaval: Managing the Unsteady Pace of Organization Evolution." *California Management Review* (Winter 1986): 29-45.

Tushman, M., and C. O'Reilly. "The Ambidextrous Organization: Managing Evolutionary and Revolutionary Change." *California Managemnent Review* (Summer 1996): 8-30.

Tushman, M., C. O'Reilly, and P. Anderson, "Levers for Organization Renewal: Innovation Streams and Ambidextrous Organizations." In M. Tushman and P. Anderson, eds, M*anaging Strategic Innovation: A Book of Readings*. New York: Oxford University Press, 1997.

Tushman, M., and L. Rosenkopf. "On the Organizational Determinants of Technological Change." In B. Staw and L. Cummings, eds., *Research in Organization Behavior*, vol. 14. Greenwich, Conn.: JAI Press, 1992.

Utterback, J. *Mastering the Dynamics of Innovation*. Cambridge, Mass.: Harvard Business School Press, 1994.